A 1.1

Manuela Georgiakaki
Monika Bovermann
Christiane Seuthe
Anja Schümann

Beste Freunde
DEUTSCH FÜR JUGENDLICHE
Arbeitsbuch

Hueber Verlag

Produktion der CD-ROM:
Tonstudio Langer, Ismaning
Sprecher: Lena Amon, Jael Kahlenberg, Anna Pichler, Jonas Haerty,
Noa Soffner, Leopold Binder, Dascha Poisel, Jakob Riedl

Interaktive Übungen:
Maria Papadopoulou, Athen
Veronika Kirschstein, Gondelsheim
Anja Schümann, München

3. 2. 1. | Die letzten Ziffern
2017 16 15 14 13 | bezeichnen Zahl und Jahr des Druckes.
Alle Drucke dieser Auflage können, da unverändert,
nebeneinander benutzt werden.
1. Auflage
© 2013 Hueber Verlag GmbH & Co. KG, 85737 Ismaning, Deutschland
Umschlaggestaltung: Sieveking · Verlagsservice, München
Zeichnungen: Monika Horstmann, Hamburg
Layout und Satz: Sieveking · Verlagsservice, München
Verlagsredaktion: Anna Hila, Julia Guess, Beate Dorner,
Silke Hilpert, Hueber Verlag, Ismaning; Anja Schümann, München
Druck und Bindung: Himmer AG, Augsburg
Printed in Germany
ISBN 978–3–19–361051–5

Wegweiser

1. In jeder Lektion

Übungen zu Wortschatz und Kommunikation

Grammatik selbst entdecken

Texte schreiben lernen

Aussprache gezielt üben

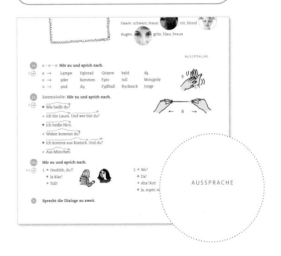

Lernwortschatz-Seite

Lernwort — Übersetzung — Beispielsatz

Hinweise zum Lernwortschatz

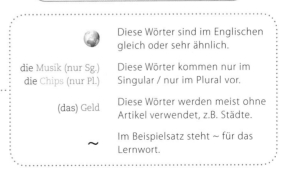

Diese Wörter sind im Englischen gleich oder sehr ähnlich.

die Musik (nur Sg.)
die Chips (nur Pl.)

Diese Wörter kommen nur im Singular / nur im Plural vor.

(das) Geld

Diese Wörter werden meist ohne Artikel verwendet, z.B. Städte.

~

Im Beispielsatz steht ~ für das Lernwort.

Wegweiser

2. Nach jedem Modul

> Training: Lesen, Hören, Sprechen und Schreiben

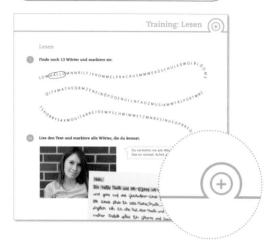

> Lernfortschritte überprüfen

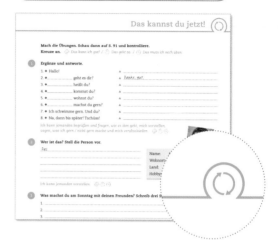

3. Im Anhang

> Partnerübungen zum Kursbuch

> CD-ROM mit Hörtexten und interaktiven Übungen

> Piktogramme und Symbole

(↓) NACH AUFGABE 3 |

    Übung passend nach Aufgabe 3 im Kursbuch

(+) Übungen für Kurse mit mehr Wochenstunden

(🖉) Schreibübungen für das persönliche Dossier der Lernenden

(•))) Übungen mit Hörtext

Lerntipps

Lies die Aufgabe genau. Achte beim Hören nur auf die Namen und Städte.

Hinweise zum Sprachvergleich

Wie heißt das in deiner Sprache?
der Koch = ...
die Köchin = ...

Inhalt

Laura

Simon

Anna

Hallo, guten Tag!

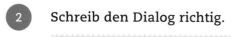

chrwihalloplekrtichvgessbinfsundildasmbdlrtistzkelqwiepritrmnsbittetfgkllqm

NACH AUFGABE 5

1a Finde noch sieben Wörter und schreib sie auf.

hallo _____ _____ _____ _____ _____ _____ _____

b Ergänze mit den Wörtern aus 1a.

● Hallo _____ .

◆ _____ _____ Jonas _____

_____ _____ Johanna.

● _____ _____ ?

▲ Johanna. J – o – h – a – n – n – a.

2 Schreib den Dialog richtig.

> L – i – l – l – y. ✗ ~~Ich bin Lilly.~~
> Vielen Dank.
> Lilly? Wie schreibt man das?

◆ Ich bin Lilly.

● _____

◆ _____

● _____

NACH AUFGABE 8

3a Finde die Wochentage.

R	E	T	A	E	D	S	I	D	A	C	B	Q	D	J	L	M	V
D	D	G	U	L	I	C	S	A	M	S	T	A	G	K	A	E	B
B	K	B	Z	O	E	H	P	L	I	B	M	R	M	D	F	R	E
N	L	M	W	P	N	Y	K	O	T	Y	P	T	O	R	R	R	X
N	A	I	Q	M	S	O	N	N	T	A	G	H	S	T	E	T	I
I	S	L	X	T	T	U	E	P	W	A	O	N	G	A	I	I	L
Y	C	S	I	C	A	M	R	D	O	N	N	E	R	S	T	A	G
M	O	N	T	A	G	L	B	R	C	Z	N	H	T	S	A	P	D
P	F	Y	U	H	S	W	N	R	H	D	T	L	O	Z	G	A	F

b Schreib die Wochentage aus 3a in der richtigen Reihenfolge.

1. Montag _____ 4. _____ 6. _____

2. _____ 5. _____ 7. _____

3. _____

c Ergänze.

Samstag + Sonntag = _____

4 **Was passt? Ergänze.**

Gute Nacht. × Guten Tag. × ~~Guten Morgen.~~ × Guten Abend.

1. *Guten* _____ 2. _____ 3. _____ 4. _____
   Morgen. _____ _____ _____ _____

↓ NACH AUFGABE 10

5 **Finde noch neun Monate.**

ber × Sep × to × ~~ar~~ × zem × ni × ~~Ja~~ × Ju × gust × ber × ar × ber
tem × ~~März~~ × pril × Ok × vem × No × Fe × ~~nu~~ × A × li × Au × bru
~~Mai~~ × Ju × ber × De

1. *Januar* _____ 5. *Mai* _____ 9. _____
2. _____ 6. _____ 10. _____
3. *März* _____ 7. _____ 11. _____
4. _____ 8. _____ 12. _____

6 **Was passt zusammen? Ordne zu.**

1. Sommer   *B*
2. Herbst   _____
3. Winter   _____
4. Frühling   _____

↓ NACH AUFGABE 12

7 **Lös die Rechenaufgaben. Schreib dann die Aufgaben in Ziffern.**

1. drei + fünf   = *acht*
   3 + 5 = 8

2. zwanzig – neun   = _____
   _____ – _____   = _____

3. achtzehn × null   = _____
   _____ × _____   = _____

4. sechzehn : vier   = _____
   _____ : _____   = _____

5. neunzehn – neun   = _____
   _____ – _____   = _____

6. zwei × sechs   = _____
   _____ × _____   = _____

8 Welche Zahlen passen? Ergänze.

1. *zwei*   2.   3.   4.

9 Schreib die Reihen weiter.

1. *eins* , *drei* , *fünf* , , , ,

 , , ,

2. *null* , *zwei* , *vier* , , ,

 , ,

10 Welche sind deine Glückszahlen ? Schreib auf.

⊕ NACH AUFGABE 14

11 Schau die Bilder an und lies. Welcher Spieler trägt diese Farben? Verbinde.

1. rot – schwarz – schwarz

2. weiß – schwarz – weiß

3. rot – weiß – rot

4. weiß – rot – weiß

5. blau – weiß – blau

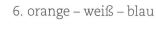

6. orange – weiß – blau

7. rot – weiß – blau

8. gelb – blau – gelb

9. weiß – weiß – weiß

12 Finde noch drei Farben und schreib sie auf.

lbcholltnbraunoppumtrelilaxischrpdukgraullelvbbhlertgrünxolbchgr

braun,

13 Welche Farben magst du? Welche magst du nicht? Schreib auf.

☺ _____   ☹ _____

Das sind deine Wörter!

hallo	_____	~, ich bin Jonas.
das ist	_____	~ Leonie.
und	_____	Das ist Leonie ~ ich bin Stefan.
ich bin	_____	~ Jonas.
wie	_____	~ schreibt man das?
schreibt → schreiben	_____	Wie ~ man das?
bitte	_____	Wie ~?
Vielen Dank.		

Die Wochentage

Montag	Dienstag	Mittwoch	Donnerstag	Freitag	Samstag	Sonntag
_____	_____	_____	_____	_____	_____	_____

das Wochenende, -n _____ Samstag, Sonntag = ~

Guten Morgen!   Guten Tag!   Guten Abend!   Gute Nacht!

Die Monate

Januar	_____	Februar	_____	März	_____
April	_____	Mai	_____	Juni	_____
Juli	_____	August	_____	September	_____
Oktober	_____	November	_____	Dezember	_____

ja _____ ↔ nein

nein _____ ↔ ja

> Lern die Wörter mit ihrem Gegenteil ↔.

Die Jahreszeiten

Winter _____   Frühling _____   Sommer _____   Herbst _____

Die Farben

weiß ○   gelb ●   orange ●   rot ●   lila ●   blau ●

> Schreib die Wörter in den Farben, z. B. orange. So lernst du sie leichter.

grün ●   braun ●   grau ●   schwarz ●

→ DIE ZAHLEN 1–20 SIEHE S. 89

Und wer bist du?

↓ NACH AUFGABE 2

1a Lös das Rätsel.

1. G I T A R R E
2.
3.
4.
5.

6.
7.

b Ergänze das Lösungswort.

ı _____

GRAMMATIK

↓ NACH AUFGABE 5

2a Finde elf Wörter und schreib sie auf.

surfbrettbedakffotoukerfußballewfrrucksackoptilampesdhlsporttaschelunt
uptshirtsanfahrraddumesessellanggitarreasijungemonmädchenaller

Surfbrett, _____

_____

b Ergänze die Wörter aus 2a mit Artikel und übersetze sie dann in deine Sprache.

der _____

_____

_____

das Surfbrett _____

_____

_____

die _____

_____

Gibt es in deiner Sprache auch Artikel?

○ Nein.
○ Ja.
→ Wie viele Artikel gibt es?
_____
→ Wie heißen sie?
_____

↓ NACH AUFGABE 6 |

3 **Schreib Sätze.**

| cool | blöd | super | toll | süß |

1. _Die Lampe ist_ _____

2. _____

3. _____

4. _____

5. _____

↓ NACH AUFGABE 7 |

4 **Ergänze die Fragen.**

| der | ist | ~~wer~~ | Mädchen | ist | Junge | wer | das |

1. ● _Wer_ _____
   _____?
   ◆ Das ist Anna.

2. ▲ _____
   _____?
   ■ Keine Ahnung.

5 **Ergänze.**

1. ◆ Wer _ist_ das Mädchen?
   ▲ Das _____ Lena.
   ◆ Lena _____ cool.

2. ● Der Rucksack _____ cool.
   ■ Nein. Die Sporttasche _____ toll!

↓ NACH AUFGABE 11 |

6 **Was passt zusammen? Verbinde.**

1. Wie heißt du?
2. Woher kommst du?
3. Wer bist du?
4. Wer ist das Mädchen?

a) Das ist Nina.
b) Julian.
c) Aus Berlin.

7a Ergänze die Fragewörter.

1. _Wer_ bist du?

2. _____ heißt du?

3. _____ kommst du?

4. _____ ist der Junge?

b Ergänze die Fragen.

1. ■ _____ ?

   ■ _____ ?

   ● Anja.

2. ▲ _____ ?

   ◆ Das ist Alexander.

c Ergänze im Bild die Frage und die Antworten.

↓ NACH AUFGABE 13 ❙

GRAMMATIK

(Frankfurt ◉)

(2)

(3)

(münchen ◉)

(1) W _____
         _____ du?

8a Schreib Dialoge.

(1)   (2)

Schule

1.

● ~~Hallo!~~   ✕ ● Ich bin Sandra. Woher kommst du?   ✕ ◆ Elias. Und wer bist du?   ✕ ◆ Hi!
◆ Wie heißt du?   ✕ ◆ Keine Ahnung.   ✕ ◆ Aus Zürich.   ✕ ● Und wer ist der Junge?

● _Hallo!_ _____

◆ _____

● _____

◆ _____

● _____

◆ _____

● _____

◆ _____

2.

> ■ Ich spiele Saxofon. ✗ ■ Hi Tommi! Hey, du spielst Fußball. ✗ ■ Okay. Tschüss Tommi!
> ■ Super! ✗ ▲ Ja, klar. Und Volleyball. ✗ ▲ Cool. Na, dann bis bald. ✗ ▲ Und du?

■ ....

▲ ....

■ ....

▲ ....

■ ....

▲ ....

■ ....

b Unterstreiche wie im Beispiel alle <u>Subjekte</u> und <u>Verben</u> in den Dialogen.

Wie heißt du?

c Schreib die Verbformen aus den Dialogen in die Tabelle.
Ergänze dann die restlichen Formen.

> Diese Form heißt „Infinitiv".
> Im Wörterbuch stehen die
> Verben im Infinitiv.

kommen	spielen	heißen	sein	
ich	ich	ich	⚠ ich	
du	du	⚠ du *heißt*	⚠ du	
			⚠ Wer	der Junge?
			⚠ Das Foto	süß.

9a Ergänze.

> spiele ✗ spielst ✗ komme ✗ kommst ✗ heiße ✗ heißt ✗ ~~bin~~ ✗ bist ✗ ist

1. ● Hi! Ich *bin* Julia. Und wer .... du?

   ◆ Ich .... Emil.

   ● Woher .... du?

   ◆ Ich .... aus Frankfurt.

2. ◆ Na, hallo! Wie .... du?

   ● Das .... Lena.

   Du .... Gitarre. Oder?

   ◆ Ja. Und ich .... Saxofon.

   ● Super!

b **Ergänze die Personalpronomen.**

1. ▲ Hallo!

   ● Hi! Wer bist _du_?

   ▲ .... heiße Johanna. Und du?

   Wie heißt ....?

   ● .... bin Felix.

2. ▲ .... spiele Gitarre.

   Und ....?

   ● .... spiele Saxofon.

   ▲ .... spielst Saxofon!

   Cool!

10a **Lies den Text. Was schreibt man groß? Unterstreiche.**

> ich bin sofia. ich komme aus köln.
> das t-shirt ist cool, oder?
> ich spiele gitarre und tennis.
> und das ist momo. momo ist so süß!

b **Schreib den Text richtig.**

Ich bin Sofia.

....

....

....

....

11a **Was schreibt man groß? Kreuze an und ergänze.**

1. (x) *Namen:* _S_ofia, ...öln, ...omo

2. ◯ *Verben:* ......in, ...omme, ...piele

3. ◯ *Nomen:* ......-......hirt, ...itarre, ...ennis

4. ◯ *Das Wort am Satzanfang:* ......ch spiele Gitarre. ......nd das ist Momo.

b **Ergänze die Regel.**

> Das schreibt man groß: _Namen,_ ....

12 **Schreib die Sätze richtig.**

1. das foto ist cool.   _Das Foto ist cool._

2. der rucksack ist toll. ....

3. spielst du tennis?   ....

4. ich komme aus berlin.   ....

5. woher kommst du?   ....

6. wer ist der junge?   ....

7. ich heiße fabian.   ....

13 Kleb ein Foto von dir ein und schreib über dich wie in 10b.

Ich _____

_____

_____

_____

_____

Haare: _____

Augen: _____

Haare: schwarz, braun , rot, blond

Augen: grün, blau, braun

14 a – o – u: **Hör zu und sprich nach.**

2

a →	Lampe	Fahrrad	Gitarre	bald	da
o →	oder	kommen	Foto	toll	Monopoly
u →	und	du	Fußball	Rucksack	Junge

a

15 Satzmelodie: **Hör zu und sprich nach.**

3

● Wie heißt du?

▲ Ich bin Laura. Und wer bist du?

● Ich heiße Nico.

▲ Woher kommst du?

● Ich komme aus Rostock. Und du?

▲ Aus München.

← a →

16a **Hör zu und sprich nach.**

4–5

1. ◆ Ooohhh, du?!
   ● Ja klar!
   ◆ Toll!

2. ◆ Wo?
   ● Da!
   ◆ Aha! Rot!
   ● Ja, super, oder?

b **Sprecht die Dialoge zu zweit.**

Das sind deine Wörter!

wer	~ ist der Junge?
du	Wer bist ~?
der Sessel, -	
die Gitarre, -n	~ ist cool!
die Lampe, -n	
das Surfbrett, -er	Schau mal, die Gitarre und ~
der Junge, -n	
Schau mal!	~ Die Lampe!
cool	Das Surfbrett ist ~.
blöd ☹	Der Sessel ist ~.
super ☺	Der Sessel ist ~.
Keine Ahnung!	
süß	Der Junge ist ~.
Hm, ja. 😊	Der Junge ist süß, oder? ~
interessant	Die Gitarre und das Surfbrett! ~!
der Fußball, ⸚e	
der Rucksack, ⸚e	~ ist cool.
die Sporttasche, -n	
das Fahrrad, ⸚er	
das T-Shirt, -s	~ ist blöd.
das Foto, -s	Schau mal, ~!
das Mädchen, -	
toll	Das Fahrrad ist ~.
spielt → spielen	Wer ~ Gitarre?
hi	~! Und ich bin Nico.
heißt → heißen	Wie ~ du?
woher	~ kommt der Junge?
kommst aus → kommen aus	▲ Woher ~ du? ● ~ Rostock.
Bis bald!	~ Tschüss.
Tschüss!	Bis bald! ~
Ja, klar!	▲ Du spielst Gitarre, oder? ● ~
(das) Saxofon, -e	Ich spiele ~.
(das) Tennis (nur Sg.)	Wer spielt ~?
(das) Monopoly® (nur Sg.)	Du spielst ~?
(der) Volleyball	Du spielst ~, oder?

Lern die Nomen immer mit Artikel. Und schreib sie in der Artikelfarbe.

Lern immer alle Verbformen auswendig.

Es gibt viele Wörter mit *spielen*. Lern sie immer zusammen:
Fußball spielen
Tennis spielen
Monopoly spielen
Volleyball spielen

Laura klettert gern.

↓ NACH AUFGABE 2 |

1 **Passt das zu Musik oder zu Sport? Ergänze.**

k̶l̶e̶t̶t̶e̶r̶n̶ ✕ singen ✕ Fußball spielen
Tennis spielen ✕ Gitarre spielen
Basketball spielen ✕ Saxofon spielen

> Ordne die Wörter nach dem Thema. So kannst du sie dir besser merken.

Musik
_____
_____

Sport
_klettern,_____
_____
_____

2 **Ist das Maria oder Jonas? Ergänze.**

A   B   C   D

1. Maria
Foto _A_ : _Sie spielt_____
Foto ____ : _____

2. Jonas
Foto ____ : _____
Foto ____ : _____

GRAMMATIK

3a **Lies den Text. Kreuze dann an: Ist das richtig ⓡ oder falsch ⓕ?**

Tim ist 13. Er singt und spielt Keyboard in der Schulband. Tims Familie ist sehr musikalisch. Die Mama singt gern und der Papa spielt Gitarre.

Tim, spielst du auch Gitarre?
Nein. Aber Keyboard, Trompete, Klavier und Schlagzeug.
Wow! Und andere Hobbys?
Ich spiele Fußball.

1. Tims Mama spielt Gitarre.   ⓡ ⓕ
2. Tim spielt Gitarre.   ⓡ ⓕ
3. Tim spielt Fußball.   ⓡ ⓕ

b **Unterstreiche wie im Beispiel alle Subjekte und Verben im Text.**

Tim ist 13.

c **Schreib die Verbformen aus dem Text in die Tabelle. Ergänze dann die anderen Formen.**

	spielen	singen	sein
ich			
du			
er/sie			ist

4 **Ergänze die Verbformen.**

spielt ✕ spiele ✕ ~~spielst~~

1. ● _Spielst_ du Volleyball?
   ◆ Ja, ich _____ Beach-Volleyball.
   ● Und Lukas?
   ◆ Lukas und Sport? Nein.
      Lukas _____ nur Gitarre.

ist ✕ bin ✕ bist ✕ heiße

2. ▲ Hallo, wer _____ du?
   ● Ich _____ Kati. Und du?
   ▲ Ich _____ Alexander.
   ● Und er? Wer ist das?
   ▲ Das _____ Stefan.

↓ NACH AUFGABE 4 ┃

5 **Lös das Rätsel. Was macht Nicki?**

Er …

	1.	s	c	h	w			
1.	s	c	h	w				
2.								
3.								
4.								

6 **Was passt? Kreuze an.**

	Volleyball	Basketball	Karate	Hockey	Saxofon	Mathe
spielen	x					
machen						

↓ NACH AUFGABE 6 ┃

SCHREIBTRAINING

7a **Lies den Text. Es gibt viele Wiederholungen. Unterstreiche sie.**

Das ist Paul. <u>Paul</u> ist 11. Paul spielt gern Fußball. Paul singt nicht gern.

b **Lies die Tipps.**

Der Text hat viele Wiederholungen: *Paul … Paul … Paul …* Das ist nicht elegant.

Besser schreibst du: Das ist Paul. ~~Paul~~ Er ist 11.
Du kannst auch zwei Sätze verbinden: Er ist 11. ~~Er~~ und spielt gern Fußball.

8 **Schreib die Sätze besser.**

1. Das ist Max. Max ist 13. Max spielt Fußball.
   Das ist Max. Er ist 15 und spielt Fußball.

2. Das ist Lena. Lena ist 12. Lena kommt aus
   Bremen. _____

3. Das ist Nico. Nico kommt aus Rostock. Nico
   ist 13. _____

4. Das ist Tim. Tim spielt Gitarre. Tim singt.
   _____

↓ NACH AUFGABE 7 |

9a **Was machst du gern? Kreuze an.**

○ Mathe machen   ○ Monopoly spielen   ○ Tennis spielen
○ singen   ○ Gitarre spielen   ○ klettern
○ schwimmen   ○ Volleyball spielen   ○ Basketball spielen

b **Schreib nun. Was machst du gern, was machst du nicht gern?**

Ich ... gern ...

Ich ... nicht gern ...

GRAMMATIK

10a **In welches Tor muss der Ball? Verbinde.**

1. ● Was [ ] du [ ] gern?   ⚽ spielst

   ◆ Ich [ ] gern [ ] Hockey.   ⚽ spiele

2. ▲ Wer [ ] du [ ] ?   ⚽ bist

   ■ [ ] ich [ ] Laura.   ⚽ heiße

3. ▼ [ ] woher [ ] Nico?   ⚽ kommt

   ● Er [ ] aus Rostock [ ] .   ⚽ kommt

b **Schreib die Sätze aus 10a in das Schema.**

	Position 1	Position 2		
W-Frage	*Was*			
Aussagesatz	*Ich*			

c **Ergänze die Regel.**

> *W-Frage* und *Aussagesatz*: Das Verb steht auf Position ....

11 **Ordne den Dialog.**

● ....

▲ ....

● ☺ ....   ☹ ....

> Ich nicht.   ✶   Ich klettere gern.
> Was machst du gern?   ✶   Ich auch.

12a **Ergänze.**

> Was machst du heute? ✕ Nein, keine Lust. ✕ Er macht auch gern Sport.

Paul: Was macht ihr heute? Machen wir zusammen Karate?

Simone und Lilly: _____

Paul: Und du, Lukas? _____

Lukas: Ich mache Mathe. Puh! Vielleicht Theo? _____

b **Ergänze die Endungen beim Verb *machen*. Schreib dann auch die anderen Verbformen in die Tabelle.**

	machen	singen	klettern
ich	mach*e*		
du	mach		
er/sie	mach		
wir	mach		
ihr	mach		

c **Ergänze die Regel.**

> *Infinitiv* mit -en → wir mach_____, wir sing_____
>
> ⓘ *Infinitiv* mit -n → wir kletter_____

13 **Ergänze die Endungen.**

1. ◆ Maria und Luisa, ihr sing*t* so gut.

   ● Oh, danke.

2. ▲ Was mach_____ ihr heute? Spiel_____ wir Fußball?

   ◆ Nein, wir spiel_____ Tennis.

3. ■ Was mach_____ du heute, Kim?

   ● Ich tauch_____. Und du? Tauch_____ du auch?

   ■ Nein, keine Lust.

4. ▲ Mach_____ wir Mathe?

   ◆ Nein, wir kletter_____ heute.

   ▲ Was? Ihr kletter_____?

   ◆ Ja, klar. Das ist cool.

5. ◆ Oh, der Junge spiel_____ toll Gitarre.

   ● Ja, super!

14 Was passt? Kreuze an.

	ich	du	er	sie	wir	ihr
schwimmt			x	x		x
tauche						
machen						
klettern						
singst						
kommt						
heißt						

NACH AUFGABE 14 |

15a Markiere die <u>Subjekte</u> und <u>Verben</u> wie im Beispiel.

▲ <u>Spielen</u> <u>wir</u> Basketball? ⟶ ◆ Nein, keine Lust. Wir schwimmen heute.

▲ Machst du Sport? ⟶ ◆ Ja. Ich klettere gern.

b Welche Sätze aus 15a passen? Ergänze das Schema.

Position 1   Position 2

Ja/Nein-Frage

c Ergänze die Regel.

Ja/Nein-Frage: Das Verb steht auf Position ....

16 Schreib die Sätze richtig.

1. wir — machen — Mathe — ?
   Machen ....

2. du — heute — machst — was — ?
   ....

3. Hockey — spielt — Roman — .
   ....

4. Nico — aus Berlin — kommt — ?
   ....

17 Ergänze die Buchstaben. Verbinde dann mit dem Gegenteil.

ne _i_ n

ri........tig

ge.........n

M.........chen

.........nge

ni........t ge........n

.........a

fal..........

18 Was sagen die Personen? Ergänze.

(+)

Ⓐ

Ⓑ

AUSSPRACHE

19a e – i: Hör zu und sprich nach.

6 🔊

e → Sẹssel wẹr klẹttern ẹr

i → nịcht ịhr schwịmmen Musịk

b Sind die Vokale kurz (ẹ / ị) oder lang (e̱ / i̱)? Hör zu und markiere.

7 🔊

e → wenn gern woher der

i → singen wir spielen bis

c Hör noch einmal und sprich nach.

8 🔊

20 Satzmelodie: Hör zu und sprich nach.

9 🔊

● Was machst du heute?

▲ Ich spiele Fußball. Und du? Machst du auch Sport?

● Ja, wir spielen Basketball.

21 Hör zu und sprich nach.

10-11 🔊

Sport
Er spielt Tennis.
Sie spielt Volleyball.
Ich klettere.
Du schwimmst.
Wir tauchen gern.
Sport ist super!

Musik
Ich singe gern.
Du singst auch.
Er spielt Gitarre.
Sie spielt Saxofon.
Wir machen zusammen Musik.
Toll!

klettert → klettern	....	Laura ~.
sie	....	Laura ist 12. ~ klettert gerne.
singt → singen	....	
gern ☺	....	Laura singt ~.
macht → machen	....	Laura ~ viel Sport?
(der) Sport, die Sportarten	....	Max macht viel ~: Er spielt Fußball und Tennis.
er	....	Max ist 13. ~ spielt gern Fußball.
(der) Basketball, ⸚e	....	Max spielt Fußball, Tennis und ~.
die Musik (nur Sg.)	....	
die Mode, -n	....	
was	....	▲ ~ macht Laura? ● Sie spielt Fußball.
(das) Karate (nur Sg.)	....	Simona macht ~.
(das) Hockey (nur Sg.)	....	Oliver spielt ~.
tauchen	....	
surfen	....	

Lerne Wörter zu einem Thema zusammen, z. B.: Das macht man im Wasser: *tauchen, surfen, schwimmen.*

schwimmen	....	
nicht	....	Mathe mache ich ~ gern. ☹
Mathe (nur Sg.)	....	(=Mathematik) Machen wir zusammen ~?

Diese Wörter verwendet man mit *machen*: *Sport machen, Karate machen, Mathe machen*

Ich auch.	....	▲ Ich schwimme gern. ● ~ ☺
Ich nicht.	....	▲ Ich tauche gern. ● ~ ☹
nichts	....	▲ Was machen Nico, Laura und Anna zusammen? ● ~.
ihr	....	Was macht ihr ~?
heute	....	
wir	....	▲ Was macht ihr heute? ● ~ klettern.
zusammen	....	Spielen wir ~ Basketball?
keine Lust	....	Nein, ~.
vielleicht	....	Spielt ihr ~ Fußball?
falsch	....	↔ richtig

Das machen Freunde zusammen.

NACH AUFGABE 2

1a **Wer ist das? Ergänze.**

1. _Das ist L_
   ....

2. _Das i_
   ....

3. _Das sind_
   ....

4. _Das s_
   ....

b **Ergänze die Regel.**

Singular: 👤 → _Das ist ..._   Plural: 👥👥 → ....

👤 → ....

c **Wie heißt das in deiner Sprache? Ergänze die Übersetzungen in** 1a.

2a **Ergänze die Verben.**

| hören ✕ wohnen ✕ ~~sind~~ ✕ sind ✕ telefonieren ✕ trinken |

1. Das _sind_ Simon, Laura und Anna.

   Sie .... in München und .... Freunde.

2. Simon und Anna .... Ananassaft und

   .... Musik.

3. Laura und Kati .... gern.

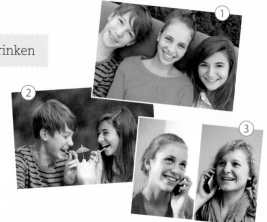

b **Schreib die Verbformen aus** 2a **in die Tabelle. Ergänze dann die anderen Formen.**

	wohnen	hören	trinken	telefonieren
ich				
du				
er/sie				
wir				
ihr				
sie				

3 Wer ist das?
Was machen sie?
Schreib Sätze.

1. _Das ist Max. Er klettert._

2. _____

3. _____

4. _Das_ _____ _Daniel und John._

5. _____

4 Was passt?
Schreib zwei Texte.

> Das ist Lina. ✖ ~~Das sind Felix und Leon.~~ ✖ Sie kommen aus Österreich
> Sie wohnt in Wien ✖ und sind Freunde. ✖ und macht gern Musik.
> Sie spielen zusammen Fußball. ✖ Sie spielt Gitarre und ist sehr lustig.

1. _Das sind Felix und Leon._ _____

_____

_____

_____

2. _____

_____

_____

_____

NACH AUFGABE 3 |

5 Ergänze die Endungen.

1. ● Was mach_en_ Laura und Anna? ▲ Sie spiel_____ Tennis.

2. ■ Mach_____ wir Mathematik? ◆ Nein, keine Lust.

3. Kostas komm_____ aus Griechenland, aber er wohn_____ in München.

4. ◆ Was mach_____ ihr heute? ● Wir spiel_____ Volleyball.

5. ● Was trink_____ du? ■ Ananassaft.

6. Anna und Kati telefonier_____ heute.

6 Lös das Rätsel.

1.	F	R				
2.						
3.					
4.				
5.			
6.		

Simon und Anna sind Lauras _____.

Daniel ist Lauras _____.

John _____ in Sydney.

Kati _____ Musik und singt Karaoke.

_____ sind John und Daniel.

Kati wohnt _____ Wien.

NACH AUFGABE 4

rÖishterec

eDsundatchl

GRAMMATIK

7a Wie heißen die Länder?
Ergänze in der Landkarte.

zSechiw

b Wo sind die Städte?
Ergänze in der Landkarte.

Weimar ist in Deutschland.
Vaduz ist in Liechtenstein.
Luzern ist in der Schweiz.
Salzburg ist in Österreich.

c Ergänze die Regel.

Wo?
.... Deutschland
.... Österreich
.... Liechtenstein
(!) .... Schweiz

Die Schweiz hat
einen Artikel.

Berlin

Wien

Bern

8 Wo ist das? Ergänze.

Rom × Athen × Berlin × Paris × New York

1. In P ___ 2. ___ 3. ___ 4. ___ 5. ___

NACH AUFGABE 5

GRAMMATIK

9a Welche Antwort passt? Ergänze.

Nein, wir sind elf. × Hm. Ich spiele gern Tischtennis.
Aber Lara macht gern Karate. × Wir sind Lara und Luis.

● Wer seid ihr?

◆ ___

● Seid ihr zehn?

◆ ___

● Spielt ihr gern Tischtennis?

◆ ___

b Domino: Was passt zusammen?
Verbinde. Schreib dann die Verbformen in die Tabelle.

	sein
ich	
du	
er/sie	
wir	
ihr	
sie	

sind | ich   sind | ihr   bist | er/sie

seid | sie   bin | du   ist | wir

10 **Was passt? Kreuze an.**

	ich	du	er	sie	wir	ihr	sie
machen					x		x
sind							
telefonieren							
ist							
machst							
seid							
hört							
wohne							

GRAMMATIK

11a **Was ist richtig? Unterstreiche.**

1. Das ist Anna. / <u>Das ist nicht Anna.</u>

2. Sie heißt Laura Kobell. / Sie heißt nicht Laura Kobell.

3. Laura wohnt in Wien. / Laura wohnt nicht in Wien.

4. Laura macht gern Mathe. / Laura macht nicht gern Mathe.

5. Laura klettert gern. / Laura klettert nicht gern.

b **Unterstreiche die Verben und das Wort *nicht*.**
Wie heißt das in deiner Sprache? Übersetze.

1. Das <u>ist</u> <u>nicht</u> Anna.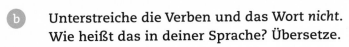

2. Laura wohnt nicht in Wien.

3. Sie macht nicht gern Mathe.

12 **Ist das richtig? Schreib die Sätze mit *nicht*.**

1. Das ist Anna.   Nein, *das ist nicht Anna.*

2. Sie ist 14.   Nein, ...

3. Sie spielt Gitarre.   Nein, ...

4. Sie macht Karate.   Nein, ...

5. Sie ist blöd.   Nein, ...

13a **Lies den Text. Es gibt viele Wiederholungen. Unterstreiche sie.**

Das sind Pia, Max, Jan und ich. <u>Wir</u> sind Freunde.
<u>Wir</u> spielen zusammen Volleyball. Wir schwimmen gern.
Wir machen gern Sport. Wir spielen nicht gern Handball.

b **Lies die Tipps.**

> Der Text hat viele Wiederholungen.
> Du kannst zwei Sätze mit *und* verbinden:
> Wir spielen zusammen Volleyball. + Wir schwimmen gern.
> Wir spielen zusammen Volleyball. ~~Wir~~ und schwimmen gern.
>
> Wenn es einen Kontrast gibt, kannst du die Sätze mit *aber* verbinden.
> Vor *aber* steht ein Komma:
> Wir machen **gern** Sport. ☺ ↔ Wir spielen **nicht** gern Handball. ☹
> Wir machen **gern** Sport, aber wir spielen nicht gern Handball.

14 **Verbinde die Sätze mit *aber*.**

1. Max und Laura klettern gern. Sie tauchen nicht gern.
   Max und Laura klettern gern, aber sie

2. Laura macht gern Sport. Sie ist eine Null in Mathe.

3. Daniel ist jetzt in Australien. Er wohnt nicht in Sydney.

4. Anna und Simon sind Freunde. Sie spielen nicht zusammen Gitarre.

5. Nico wohnt in München. Er kommt aus Rostock.

15 **Schreib einen Text über dich und deine Freunde.**

Wie heißen sie?   Was macht ihr gern?   Was macht ihr nicht gern?

NACH AUFGABE 6

16 **Lies das „Elflein". Schreib dann auch ein Gedicht mit elf Wörtern zum Thema *Freunde*.**

> Wir (1)
> spielen Fußball (2)
> machen zusammen Musik (3)
> und lachen gern zusammen. (4)
> Freunde! (1)

17 **Was passt? Unterstreiche.**

1. Maria (liebt / lacht) Musik. Maria und Tom machen (zusammen / klar) Rockmusik.
   Sie sind (Sessel / Freunde). Tom (spielt / hört) Gitarre und Maria (klettert / singt).

2. John (kommt / wohnt) in Sydney. Daniel ist jetzt auch (aus / in) Australien.
   Daniel und John sind (Freunde / Surfbrett). Sie (trinken / hören) zusammen Musik.

18 **Ergänze die Buchstaben.**

1. ● Guten Tag! ▲ G _u_ _t_ en _T_ a _g_ !

2. ■ Hallo Max! ◆ Hallo Laura. Na, w_____ g_____t es di____?

3. ◆ Spielen wir zusammen Fußball? ● Nein, k_____ne Lu_____. Ich klettere heute.

4. ● Wer ist der Junge? ■ Ich w_____ n_____ t.

5. ▲ Hallo Nico, all_____ k_____ r? ◆ Ja, klar! Hi Anna!

6. ● Na dann, ts_____s! ▲ Tschüss!

7. ◆ Ist Wien in Österreich? ■ Ja, na_____ich ist das in Österreich.

AUSSPRACHE

19 **ei – ie: Hör zu und sprich nach.**

12))) ei → heißen sein Österreich nein Schweiz zwei seid

ie → wie lieben sie Wien spielen vier telefonieren die

20a **Ergänze ie oder ei. Hör dann zu und vergleiche.**

13))) 1. Ist W_____n in der Schw_____z

oder v_____ll_____cht in Österr_____ch?

2. V_____r Mädchen sp_____len in W_____n Gitarre.

3. W_____ h_____ßt ihr zw_____?

b **Hör noch einmal und sprich nach.**

14)))

21a **Hör zu und sprich nach.**

5-16)))

1. ● Das hier sind Meike Riebe und Leonie Meier.
   ▲ Wohnt Leonie in Leipzig?
   ● Nein, nein, in Freiburg!
   ▲ Und Meike?
   ● Meike wohnt in Kiel.

2. ▲ Wer ist das?
   ● Das ist Leila. Sie wohnt in Wien.
   Leila liebt die Schweiz.

Kiel

Berlin

Leipzig

Wien

Freiburg

Bern

Vaduz

b **Sprecht die Dialoge zu zweit.**

Das sind deine Wörter!

(die) Freunde		Daniel und John sind Lauras ~.
der Freund / die Freundin		
wohnt → wohnen		John ~ in Sydney.
in		John wohnt ~ Sydney.
aber		Daniel ist jetzt auch in Australien, ~ er wohnt in Melbourne.
telefoniert → telefonieren		
hören → hören		Sie ~ Musik.
lustig ☺		Simon und Anna sind so ~.
trinken → trinken		Sie ~ zusammen Ananassaft.
(der) Ananassaft, ⸚e		Sie trinken zusammen ~.
der Bruder, ⸚		◆ Wie heißt Lauras ~? ● Daniel.
wo		▲ ~ wohnt Kati? ◆ In Wien.
weiß → wissen		Ich ~ nicht.
Österreich		Wien ist in ~.
Ist doch klar!		Wien ist in Österreich. ~
natürlich		● Wo ist Berlin? ◆ In Deutschland ~!
Deutschland		
Liechtenstein		Vaduz ist in ~.
Schweiz		Zürich ist in der ~.
Europa		▲ Und wo ist Deutschland? ■ In ~ natürlich.
seid → sein		~ ihr 10?
sind → sein		Nein, wir ~ 12.
10 sein		
(das) Tischtennis (nur Sg.)		Spielst du ~?
(das) Schlagzeug, -e		
Wie geht es dir?		Hallo. ~
lachen → lachen		Sie ~ zusammen.
der Mond, -e		
lieben → lieben		Freunde ~ Musik.

> **!**
> in Deutschland
> in Österreich
> in Liechtenstein
> Aber:
> in der Schweiz

> Lern neue Wörter zusammen mit Bildern. Das hilft dir beim Lernen.

Lesen

1 Finde noch 13 Wörter und markiere sie.

S D W (HALLO) M N N R I L F J V K O M M E L P R A C A U S M M W E X Ü SCHULE Ü W Q L B L Ö D M E

Q I T V M A T H E Q B M Z E N E I N Ö P Ü Q E N U L L N F A O Z M U S I K W W T Ä S P O R T M B C

T S H O B B Y S A X M O G I T A R R E J D E W P S C H W I M M E T Z M N B V S I N G E O P R R E Q A

2a Lies den Text und markiere alle Wörter, die du kennst.

> Du verstehst nie alle Wörter in einem neuen Text. Das ist normal. Achte auf die Wörter, die du kennst.

Hallo,

Ich heiße Marie und bin 13 Jahre alt. Ich komme aus Münster und gehe auf das Geschwister-Scholl-Gymnasium.
Die Schule finde ich blöd: Mathe, Physik, ... nein, danke. Und in Englisch bin ich eine Null. Aber Musik und Sport sind super! In meiner Freizeit spiele ich Gitarre und Saxofon und schwimme gern. Ach ja, und ich singe auch gern.

b Ist das richtig ⓡ oder falsch ⓕ? Lies die Sätze, kreuze an und korrigiere.

> Lies die Aufgabe und die Sätze genau. Such dann die Informationen im Text. Oft sind es nur kleine Unterschiede: *Münster* ≠ München.

1. Marie kommt aus <u>München.</u>   ⓡ ☒   ... *kommt aus Münster.* _____
2. Marie ist dreizehn.   ⓡ ⓕ   _____
3. Sie findet Mathe und Physik gut.   ⓡ ⓕ   _____
4. Sie macht gern Sport.   ⓡ ⓕ   _____
5. Sie macht nicht gern Musik.   ⓡ ⓕ   _____

Laura

Hören

3a Wer sind die Personen? Hör zu und ergänze.

17-18

Person 1 heißt *Anita*
und kommt aus
....

Person 2 heißt ....
und kommt aus
....

> Lies die Aufgabe genau.
> Achte beim Hören nur auf
> die Namen und Städte.

b Hör noch einmal und ordne die Fragen.

17-18

Person 1

.... Woher kommst du?

1 Wie heißt du?

.... Machst du gern Sport?

Person 2

.... Was machst du heute?

.... Was machst du gern?

.... Spielst du Gitarre?

.... Wer bist du?

> Lies die Aufgabe genau.
> Achte beim Hören nur auf
> die Fragen.

Sprechen

4a Ein Partner-Interview. Schreib Fragen.

Name?   *Wie* ....

Wohnort? ....

Hobbys? ....

b Frag deine Partnerin / deinen Partner und mach Notizen.

....

....

....

> Schreib keine ganzen
> Sätze, mach nur wenige
> Notizen.

c Stell deine Partnerin / deinen Partner vor.

● Das ist …
  Sie/Er wohnt in …
  Sie/Er … gern.

Mach die Übungen. Schau dann auf S. 91 und kontrolliere.

Kreuze an. ☺ *Das kann ich gut!* / 😐 *Das geht so.* / ☹ *Das muss ich noch üben.*

1 **Ergänze und antworte.**

1. ◆ Hallo! ▲ _____

2. ◆ _____ geht es dir? ▲ *Danke, gut.*

3. ◆ _____ heißt du? ▲ _____

4. ◆ _____ kommst du? ▲ _____

5. ◆ _____ wohnst du? ▲ _____

6. ◆ _____ machst du gern? ▲ _____

7. ◆ Ich schwimme gern. Und du? ▲ _____

8. ◆ Na, dann bis später! Tschüss! ▲ _____

Ich kann jemanden begrüßen und fragen, wie es ihm geht, mich vorstellen, sagen, was ich gern / nicht gern mache und mich verabschieden. ☺ 😐 ☹

2 **Wer ist das? Stell die Person vor.**

Das _____

_____

_____

_____

Name:	Paula
Wohnort:	Graz
Land:	Österreich
Hobbys:	singen, Basketball spielen

Ich kann jemanden vorstellen. ☺ 😐 ☹

3 **Was machst du am Sonntag mit deinen Freunden? Schreib drei Sätze.**

1. _____

2. _____

3. _____

Ich kann sagen, was ich mit meinen Freunden mache. ☺ 😐 ☹

4 **Wo ist das? Ergänze.**

1. Hamburg *ist* _____.   (D)

2. Graz _____.   (A)

3. Zürich _____.   (CH)

Ich kann sagen, wo ein Ort ist. ☺ 😐 ☹

5 **Was fragst oder antwortest du? Ergänze.**

1. ● Spielen wir Fußball? ◆ _____

2. ● _____ ◆ Ja, gern.

3. ● _____ ◆ Nein, keine Lust.

Ich kann einen Vorschlag machen, annehmen oder ablehnen. ☺ 😐 ☹

Simon liebt Informatik.

NACH AUFGABE 2

1a Finde fünf Fächer.

STUDEUTSCHENGFRANZÖSISCHALKUNSTIKUGESCHICHTENRELIGIONSAS

b Schreib die Fächer aus 1a auf.

Was hast du auch? _____

Was hast du nicht? _____

2 Welche Fächer hat Nicki? Ergänze.

1. _____ 2. _____ 3. _____

3 Welche Fächer kennst du aus deiner oder einer anderen Sprache? Mach eine Liste.

(+) *Musik*   *music (Englisch), música (Spanisch)*

_____   _____

_____   _____

_____   _____

4a Welche Fremdsprachen hat Simon? Schau im Kursbuch auf Seite 30 und ergänze.

_____

b Und du? Schreib auf.

_____

5 Vergleiche die Stundenpläne von Natalie und Jan.

Sport-Gymnasium	
	Mittwoch
8:15 – 9:00	Deutsch
9:00 – 9:45	Deutsch
10:00 – 10:45	Musik
10:45 – 11:30	Kunst
11:50 – 12:35	Mathematik
12:35 – 13:25	Mathematik
14:25 – 15:10	Biologie
15:10 – 15:55	Geschichte
16:10 – 16:55	Sport
16:55 – 17:40	Sport

Musik-Gymnasium	
	Mittwoch
7:30 – 8:15	Geschichte
8:25 – 9:10	Mathematik
9:20 – 10:05	Italienisch
10:30 – 11:15	Deutsch
11:25 – 13:00	Orchester
13:05 – 13:50	Kunst
14:00 – 14:45	Kunst
15:00 – 15:45	Musik

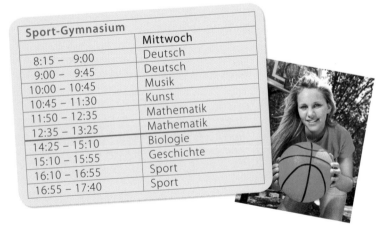

Natalie hat *zehn Stunden Schule. Jan hat* _____

Natalie hat _____. Jan auch.

Natalie hat _____. Jan nicht.

Jan hat _____

NACH AUFGABE 4

6 Was passt? Zeichne Symbole.

☺ ⚡ ☹ 😐

1. okay ....   3. total blöd ....   5. ganz gut ....   7. doof ....
2. toll ....   4. cool ....   6. interessant ....   8. langweilig ....

> Zeichne Symbole zu den neuen Wörtern. So kannst du sie dir besser merken.

GRAMMATIK

7 Schreib die Antworten in das Schema und ergänze die Regel.

▲ Ich finde Sport blöd. Und du?   ◆ Wie findest du Sport?
● Ich finde Sport super!   ■ Sport finde ich super!

Position 1	Position 2		
Ich	finde		

Aussagesatz: Das Verb steht <u>immer</u> auf Position ....

8 Schreib die Antwort und beginne mit dem unterstrichenen Wort.

1. ● Wie findest du <u>Hip-Hop</u>, Julia?
   ◆ Hip-Hop .... ☺

2. ● Wie findest du <u>Deutsch</u>, Maria?
   ◆ .... ⚡

3. ● Wie findest du <u>Basketball</u>, Alexander?
   ◆ .... ☺

4. ● Wie findest du <u>Karate</u>, Isabella?
   ◆ .... ☹

SCHREIBTRAINING

9a Lies den Text. Viele Sätze beginnen gleich. Unterstreiche.

Spickzettel: Wie ist dein Schultag heute?
Simon: <u>Ich</u> habe heute zwei Stunden Informatik, Mathe, zwei Stunden Sport, Geschichte, Englisch und Religion. <u>Ich</u> finde Informatik cool. <u>Ich</u> finde Mathe und Religion okay. Aber ich finde Sport total blöd.

b Lies den Tipp.

> Viele Sätze beginnen gleich: Ich ..., Ich ..., Ich ...
> Wenn du den Satz anders beginnen möchtest oder eine Information im Satz betonen möchtest, kannst du den Satz auch so schreiben:

Ich finde Informatik cool.
Informatik finde ich cool.

c Schreib den Text aus 9a besser.

Ich habe heute zwei Stunden Informatik, Mathe, zwei Stunden Sport, Geschichte, Englisch und Religion.

10 **Schreib deine Antwort.**

> *Spickzettel:* Wie ist dein Schultag heute?
>
> ....
>
> ....
>
> ....

↓ NACH AUFGABE 5

11a **Was passt zusammen? Mal die Teile in derselben Farbe an.**

Wie find-	-et Informatik toll.
Wie find-	-e Geschichte cool.
Simon find-	-en Kunst interessant.
Nico und Laura find-	-est du Physik?
Ich find-	-en Sport cool.
Wir find-	-et ihr Mathematik?

	finden
ich	
du	(!)
er/sie	(!)
wir	
ihr	(!) *findet*
sie	

b **Schreib dann die Verbformen in die Tabelle.**

12 **Was bedeutet das? Kreuze an.**

1. Nina <u>liebt</u> Musik.
   - (a) Nina findet Musik super.
   - (b) Nina hasst Musik.
   - (c) Nina findet Musik doof.

2. Max <u>hasst</u> Mathe.
   - (a) Max findet Mathe cool.
   - (b) Max findet Mathe total blöd.
   - (c) Max liebt Mathe.

↓ NACH AUFGABE 8

13a **Was passt zusammen? Verbinde.**

1. Nico, sprichst du gut Englisch?
2. Simon, sprichst du gut Englisch?
3. Simon, sprichst du nicht gut Deutsch?
4. Simon, findest du Theater nicht interessant?

- (a) Doch, natürlich.
- (b) Nein, ich spreche nicht so gut Englisch.
- (c) Nein, Theater finde ich blöd.
- (d) Ja, ich spreche sehr gut Englisch.

b **Ergänze.**

Nein × Doch

- Sprichst du nicht gut Deutsch?
- ◆ ...., ich spreche nicht gut Deutsch.
- ◆ .... natürlich, ich spreche sehr gut Deutsch.

> Wie heißt doch in deiner Sprache?

14 Schreib deine Antwort.

1. Heißt du Wilhelm?

_____, ich

2. Kommst du nicht aus der Schweiz?

_____

3. Bist du elf?

_____

4. Trinkst du nicht gern Cola?

_____

5. Trinkst du gern Milch?

_____

6. Findest du Mathematik nicht interessant?

_____

NACH AUFGABE 10 ▮

15a Welche Sprachen spricht man wo? Ergänze.

Deutsch (2x) ✖ Englisch (2x) ✖ Französisch (3x) ✖ Griechisch ✖ Italienisch (2x)
~~Rätoromanisch~~ ✖ Russisch ✖ Spanisch ✖ Türkisch

1. Italien: _____
2. Russland: _____
3. England: _____
4. Griechenland: _____
5. Mexiko: _____
6. Österreich: _____
7. Frankreich: _____

8. Türkei: _____
9. Kanada: _____,

10. Schweiz: _____,
_____,
_____,
Rätoromanisch

b Was ist gleich? Markiere in 15a wie im Beispiel.

Italienisch ⟅

c Ergänze die Regel.

Die Endung bei Sprachen ist oft _____.
(!) _____.

16 Schreib deine Antwort.

Ja, Nein,	ich spreche	sehr gut gut nicht so gut kein Wort	Englisch.

1. Sprichst du Englisch?

_____

2. Sprichst du Deutsch?

_____

3. Sprichst du Chinesisch?

_____

4. Sprichst du Französisch?

_____

5. Sprichst du Türkisch?

_____

17a Unterstreiche wie im Beispiel.

Hallo,
<u>sprecht ihr</u> Englisch?
Ich spreche nicht so
gut Deutsch.

Er spricht nicht
gut Deutsch.
Sprichst du Englisch?

b Schreib die Verbformen in die Tabelle.

	sprechen	
ich		e
du	(!)	↓
er/sie	(!)	
wir	sprechen	
ihr		
sie	sprechen	

c Ergänze die Regel.

e → i: du _____
er/sie _____

18 Ergänze *sprechen* in der richtigen Form.

1. Laura und Nico _sprechen_____ nicht gut Englisch.

   Aber Simon _____ super Englisch.

2. ● _____ du Spanisch? ◆ Nein, aber ich _____ Französisch.

3. ● _____ ihr Deutsch? ◆ Nein, nicht so gut.

4. Ich _____ ganz gut Türkisch. _____ du auch Türkisch?

⬇ NACH AUFGABE 11 ▌

19 Was hat Nicki? Schreib auf.

Wochenplan
Montag	Dienstag	Mittwoch	Donnerstag	Freitag	Samstag	Sonntag

Am Montag hat Nicki Schwimmen. Am _____

_____

_____

_____

Am Sonntag ist Nicki k.o.

(top right: 4)

20 Was passt zusammen? Verbinde. Ergänze dann die Tabelle.

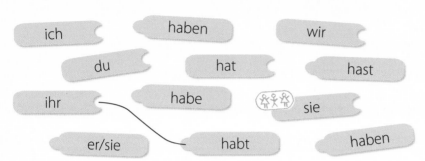

ich   haben   wir
du   hat   hast
ihr   habe   sie
er/sie   habt   haben

	haben
ich	
du	
er/sie	
wir	
ihr	
sie	

21 Ergänze *haben* in der richtigen Form.

1. ◆ _Habt_ ihr heute Religion? ● Nein, Religion _____ wir am Donnerstag.

2. ◆ Was _____ du am Mittwoch? ● Am Mittwoch _____ ich Basketball.

3. Max _____ heute Fußball. Laura auch.

4. ◆ _____ Anna und Simon heute Theater? ● Nein, sie spielen nicht Theater.

5. ◆ _____ du Ananassaft? ● Ja, hier. ◆ Danke.

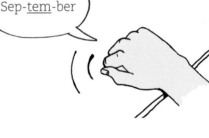

Sep-tem-ber

22a Wortakzent: **Hör zu, klopfe mit und sprich nach.**

19

1. ● <u>März</u>, <u>Mai</u>
2. ●•• <u>Ja</u>nuar, <u>Fe</u>bruar
3. •●• Sep<u>tem</u>ber, Ok<u>to</u>ber, No<u>vem</u>ber, De<u>zem</u>ber

4. •● <u>A</u>pril, Au<u>gust</u>
5. ●• <u>Ju</u>ni, <u>Ju</u>li

b Klopfe und sprich alle Monate von Januar bis Dezember.

23 Klopfe und sprich deinen Namen.

24 Hör zu, klopfe mit und sprich nach.

20

1. ● Deutsch
2. •● Musik
3. •●• Geschichte
4. •••● Mathematik

5. ••●• Informatik
6. ●• Englisch
7. ••● Religion
8. ● Sport

9. •••● Geografie
10. •● Physik
11. •●• Französisch
12. •••● Biologie

25 Spielt zu zweit und klopft ein Wort. Deine Partnerin / Dein Partner rät.

1. Musik — Englisch — Sport

2. Geografie — Geschichte — Physik

3. Mathematik — Französisch — Informatik

Das sind deine Wörter!

Vergleiche die Wörter mit deiner Muttersprache oder mit dem Englischen.

Die Schulfächer

Französisch

Deutsch

Englisch

_____

Mathematik

Informatik

Biologie

Physik

_____

Kunst(erziehung)

Geschichte

Geografie

Religion / Ethik

_____

haben ((!) du hast, er/sie hat)	_____	Simon ~ Informatik.
die Stunde, -n	_____	Simon hat eine ~ Französisch und zwei ~n Informatik.
finden ((!) du findest, er/sie findet)	_____	Wie ~ Simon Sport?

Wie findest du ...?

☺ toll _____

☺ okay _____

☹ langweilig _____

ganz gut _____

doof _____

total	_____	~ blöd ☹ ☹
hassen ((!) er/sie hasst)	_____	Simon ~ Sport.

(!) Du hasst Sport. (hassen)
(!) Du hast Sport. (haben)

doch	_____	♦ Spricht Simon nicht gut Englisch? ● ~!
(das) Theater, -	_____	Ich spiele nicht gern ~.
sprechen ((!) du sprichst, er/sie spricht)	_____	~ du nicht so gut Englisch?

Die Sprachen

Im Deutschen enden viele Sprachen auf -isch.

Chinesisch

Griechisch

Spanisch

_____

Russisch

Italienisch

Türkisch

_____

sehr	_____	Ich spreche ~ gut Russisch.
kein Wort	_____	■ Sprichst du nicht Spanisch? ▲ Nein, ~.
frei	_____	Am Samstag hat Simon ~.

Ich brauche einen Kuli.

↓ NACH AUFGABE 3 |

GRAMMATIK

1a **Lies den Dialog.**

① Oh, ein Flugzeug und ein Raumschiff!

② Ja, das Flugzeug Orion und das Raumschiff Pegasus.

③ Und ein Mann.

④ Klar, das ist der Kapitän!

⑤ Und auch eine Frau.

⑥ Das ist die Prinzessin Caralinga.

b **Wie heißt das in deiner Sprache? Übersetze die Texte aus 1a.**

1. ....

2. ....

3. ....

4. ....

5. ....

6. ....

c **Ergänze die Tabelle in den Artikelfarben.**

~~der~~ ✕ das ✕ die ✕ ~~ein~~ ✕ ein ✕ eine

ein / der Mann	.... / .... Flugzeug	.... / .... Frau
Kapitän	Raumschiff	Prinzessin

↓ NACH AUFGABE 4 |

2 **Was ist das? Schreib auf.**

1. Das ist ein Rucksack.

2. Das ist

....

....

....

....

① ② ③ ④

⑤ ⑥ ⑦

3 Was ist auf Bild A? Was fehlt auf Bild B? Schreib auf.

Auf Bild A ist ein Flugzeug,

Auf Bild B fehlt das Flugzeug,

NACH AUFGABE 7

4 **Was passt zusammen? Verbinde und ergänze die Artikel.**

1. _ein_ / _der_ Film
2. .... / .... Füller
3. .... / .... Kuli
4. .... / .... Schere
5. .... / .... Radiergummi
6. .... / .... Heft
7. .... / .... Lineal
8. .... / .... Block
9. .... / .... Bleistift
10. .... / .... Sporttasche
11. .... / .... Spitzer
12. .... / .... Marker

Ⓐ Ⓔ Ⓘ Ⓑ Ⓙ Ⓕ Ⓒ Ⓚ Ⓖ Ⓗ Ⓓ Ⓛ

5 **Schreib die Wörter richtig mit Artikel.**

1. gurmdierami _der Ra_
2. lnelai ....
3. ertzspi ....
4. scehattospr ....

5. reesch ....
6. kbcol ....
7. ethf ....
8. rmkera ....

NACH AUFGABE 8

GRAMMATIK

6a **Was braucht Nicki? Ergänze.**

Er braucht eine Lampe. ✕ Er braucht einen Fußball. ✕ Er braucht ein Schiff.

Er braucht ....

b **Ergänze die Tabelle.**

		ein Fußball. ⚽	ein Schiff. 🚢	eine Lampe. 💡
Nominativ	Das ist …			
Akkusativ	Nicki braucht …			

7 Was brauchen sie? Was möchten sie? Ergänze in den Artikelfarben.

1. Sven braucht _einen Block_

3. Julian braucht

5. Klara möchte

2. Lena möchte

4. Ben möchte

6. Elena braucht

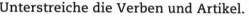

NACH AUFGABE 11

GRAMMATIK

8a Unterstreiche die Verben und Artikel.

- ● Oh! Wie findest du den Block hier?
- ▲ Hmm ... ich denke, wir kaufen das Heft, oder?
- ● Aber der Block ist so süß! Schau mal ...
- ▲ Du hast doch einen Block.
- ● Aber ich möchte auch den Block hier!
  Bitte Mama, kaufst du den Block?
- ▲ Also, kaufen wir jetzt den Block und das Heft?
- ● Ja! Und ich brauche auch noch eine Schere ...
  Schau mal, wie findest du die Schere hier?

b Schreib die Artikel aus 8a in die Tabelle und ergänze die Regel.

Nominativ	ein	/	_der_	Block	ein	/	das	Heft	eine	/	die	Schere
Akkusativ		/		Block	ein	/		Heft		/		Schere

Nominativ oder Akkusativ?

sein +

kaufen, möchten, brauchen, finden, haben +

9 **Was ist richtig? Unterstreiche.**

■ (1) Ich möchte ein / einen Rucksack
und ich brauche ein / einen Füller.

◆ (2) Hier ist ein / einen Rucksack.
Wie findest du der / den Rucksack?

■ (3) Der / Den Rucksack ist cool.
Kaufen wir der / den Rucksack? ...
Und auch der / den Kuli hier?

◆ Also gut.

■ Und ...

◆ (4) Nein! Du hast jetzt der / den
Rucksack und der / den Kuli.

10 **Was passt? Ergänze die Verben in der richtigen Form.**

~~finden~~ × finden × haben × kaufen × sein

● Wie *findest* du die Sporttasche?

▼ Toll. Aber du _____ doch eine Sporttasche.

● Ja, aber die Sporttasche _____ nicht schön.

▼ _____ du?

● Ja, also ich _____ die Sporttasche.

NACH AUFGABE 13

11 **Ergänze die Verben und die Artikel in der richtigen Form.**

der × das × die × einen × ein × ~~eine~~ × den × den × das × das × die × die

◆ Was *brauchst* du denn? *(brauchen)*

● (1) Ich _____ *eine* Sporttasche. *(brauchen)*

Ey, _____ Sporttasche ist cool. Wie _____ du _____ Sporttasche? *(finden)*

◆ Na ja, es geht.

● (2) Und ich _____ _____ T-Shirt. *(möchten)*

Schau mal, _____ T-Shirt ist super! Wie _____ du _____ T-Shirt? *(finden)*

◆ Cool.

● (3) Und ich _____ _____ Rucksack. *(brauchen)*

Wie _____ du _____ Rucksack? *(finden)*

◆ (4) Gut. _____ Rucksack ist echt toll.

● (5) Okay. Ich _____ _____ Rucksack, *(kaufen)*

_____ T-Shirt und _____ Sporttasche.

12 **Verbinde die Sätze und schreib sie in die Tabelle.**

1. Ich möcht-   -en einen   Rucksack.
2. Du möcht-   -e eine   Ananassaft.
3. Laura möcht-   -est einen   Surfbrett.
4. Wir möcht-   -en ein   Gitarre.
5. Ihr möcht-   -e einen   Lampe.
6. Simon und Anna möcht-   -et eine   Kuli.

	möchten	
Ich	*möchte*	*eine Gitarre.*
Du	(!)	
Laura	(!)	
Wir		
Ihr	(!) *möchtet*	
Simon und Anna		

13a a**ch**-Laut – i**ch**-Laut: **Hör zu und sprich nach.**

21)))

ch wie in a**ch** → no**ch**   brau**ch**en   Spra**ch**e   tau**ch**en   Mittwo**ch**
ch wie in i**ch** → spre**ch**en   Ges**ch**i**ch**te   ni**ch**t   mö**ch**ten   viellei**ch**t

b **Hör zu, sprich nach und kreuze an.**

22)))

	ch wie in a**ch**	ch wie in i**ch**
1. lachen	○	○
2. richtig	○	○
3. Österreich	○	○
4. machen	○	○
5. wirklich	○	○
6. doch	○	○
7. natürlich	○	○
8. Mädchen	○	○

Ja, ich!

Ach so, du!

14a **Hör zu und sprich nach.**

23)))

▼ Schau mal, der Kuli ist doch echt cool, nicht?
● Ich denke, du brauchst einen Bleistift?!
▼ Ja, richtig, aber ich möchte auch so einen Kuli. Der ist doch wirklich toll!
● Und was möchtest du noch?

▼ Einen Block natürlich!
● Echt? Vielleicht auch noch ein Heft oder ein Buch?
▼ Ja, klar! Ich brauche die Sachen doch für Mittwoch.
● Ach so …

b **Unterstreiche im Dialog in** 14a **alle** ch. **Sprichst du das** ch **wie in** ach **oder wie in** ich?
c **Sprecht den Dialog.**

ein .... Der Kapitän ist ~ Mann.

eine .... Die Prinzessin ist ~ Frau.

das Flugzeug, -e ....

das Raumschiff, -e ....

das Schiff, -e ....

der Mann, ¨er (♀) .... Und das? Ist das ein ~?

die Frau, -en (♀) .... Ist das eine ~?

der Kapitän, -e .... Das ist der ~.

die Prinzessin, -nen ....

normal .... Alexa Kuhlmann sagt: „Ich bin ganz ~."

Die Schreibwaren

der Kuli, -s ....

der Füller, - ....

das Heft, -e ....

der Radiergummi, -s ....

die Schere, -n ....

der Marker, - ....

der Bleistift, -e ....

der Block, ¨e ....

der Spitzer, - ....

das Lineal, -e ....

---

denken .... Ich ~, du brauchst einen Füller.

brauchen + *Akkusativ* .... Ja, stimmt. Ich ~ einen Füller.

möchten + *Akkusativ*
((!) du möchtest, er/sie möchte) .... Ja, stimmt. Ich brauche einen Füller. Aber ich ~ so einen Kuli.

na ja ☺ .... ◆ Wie findest du den Kuli?
● Hm, ~.

kaufen + *Akkusativ* .... Laura ~ ein Heft und eine Schere.

nicht .... Schau mal, der Rucksack ist cool, ~?

also .... ~: Wie findest du meinen Rucksack?

noch .... Und was brauchst du ~?

o. k. .... = okay

Hast du Zeit?

6 LEKTION

↓ NACH AUFGABE 2

1 **Was passt nicht? Streiche durch.**

1. Wir schauen eine DVD / ~~Biologie~~ / einen Film .

2. Lernen wir zusammen Mathe / Zeit / Bio ?

3. Klettern wir zusammen? Hast du Mittwoch / Zeit / Lust ?

4. Kommst du jetzt / morgen / super ?

5. Am Sonntag / Heute / Zusammen spielt Manchester United.

GRAMMATIK

2a **Welcher Ball muss in welches Tor? Verbinde.**

1. Simon ⚽ einen Film ⚽ .

2. Simon ⚽ auch Biologie ⚽ .

3. Wann ⚽ du ⚽ ?

4. Wann ⚽ du Bio ⚽ ?

⚽ möchte   ⚽ schauen

⚽ lernen   ⚽ muss

⚽ kommen   ⚽ möchtest

⚽ musst   ⚽ lernen

b **Schreib Satz 1 und 3 aus 2a in das Schema.**

	Position 2		Ende
Aussagesatz		*möchte*		.
W-Frage	*Wann*			?

c **Ergänze die Regel.**

W-Frage und Aussagesatz:

Das Modalverb (möchte, muss …) steht auf Position _____ .

Der Infinitiv (schauen, lernen …) steht am _____ .

3a **Lies die Sätze und unterstreiche die Verben.**

1. <u>Möchtest</u> du heute <u>kommen</u>?

2. Möchtest du einen Ananassaft trinken?

3. Musst du Biologie lernen?

b **Schreib zwei Sätze aus 3a in das Schema und ergänze die Regel.**

	Position 1			Ende
Ja/Nein-Frage		*du*		.
				?

Ja/Nein-Frage:

Das Modalverb steht auf Position _____ . Der Infinitiv steht am _____ .

4 Schreib die Sätze richtig.

1. ein Fahrrad — möchte — kaufen — Nina — ?   *Möchte Nina ein Fahrrad kaufen?*

2. Schlagzeug — üben — muss — Nicki — .

3. möchte — wer — trinken — einen Saft — ?

4. mit Kati — telefonieren — Laura — möchte — .

5. du — musst — lernen — Geografie — ?

↓ NACH AUFGABE 3 ▎

GRAMMATIK

5a Lies und unterstreiche die <u>Subjekte</u> und die Formen von *müssen*.

- Hast du heute Nachmittag Zeit?
- Nein, heute nicht.
  <u>Ich</u> <u>muss</u> Französisch lernen.
- Musst du das heute machen?
- Ja, klar.
- Und Lukas?
- Er muss heute auch lernen.
  Morgen haben wir auch keine Zeit.
  Wir müssen Gitarre üben.
- Ach schade! Ihr seid langweilig.

b Schreib die Verbformen in die Tabelle und vergleiche mit *üben*. Was ist anders? Unterstreiche die Unterschiede.

	müssen	üben
ich	(!) *muss*	übe
du		übst
er/sie	(!)	übt
wir		üben
ihr	müsst	übt
sie	müssen	üben

c Ergänze die Regel.

Modalverb müssen
ü → u: ich _____, du _____, er/sie _____
Hier fehlen die Endungen: ich _____, er/sie _____.

6 Ergänze *müssen* in der richtigen Form.

- Was macht ihr heute Nachmittag?
- Wir *müssen* Physik machen.
- ▲ Und ich habe auch noch Theater. Ich _____ noch den Text lernen.
- Och, schade.
- Du hast doch heute Gitarre. _____ du nicht üben?
- Na ja, natürlich _____ ich üben, aber ich habe keine Lust.
- Ach komm! Heute _____ wir viel machen, aber morgen haben wir dann Zeit.

7 Ergänze *müssen* oder *möchten* und die Verben in der richtigen Form und am richtigen Platz.

kaufen ✕ hören ✕ lernen ✕ spielen ✕ üben ✕ machen̶

1. Am Samstag habe ich frei. Spielen wir Fußball? Oder was _möchtest_ du _machen_ ?

2. Morgen habe ich Französisch. Ich _____ noch so viel _____ .

3. *Anna und Laura:* Die Musik ist total langweilig! Wir _____ die CD von Nico _____ ! *Simon:* Na gut.

4. *Laura:* Wo ist denn Simon? *Anna:* Er kommt gleich, er _____ noch ein Heft und ein Lineal für Lilly _____ .

5. Julia und Kevin kommen nicht. Sie _____ noch Gitarre _____ .

6. Okay, was machen wir? _____ ihr Tischtennis oder Hockey _____ ?

↓ NACH AUFGABE 5 ▐

8 Ergänze den Dialog.

Heute Nachmittag. ✕ M̶ö̶c̶h̶t̶e̶s̶t̶ ̶d̶u̶ ̶k̶o̶m̶m̶e̶n̶?̶ ✕ Schade. Vielleicht morgen? ✕ Super, bis morgen!
I̶c̶h̶ ̶h̶a̶b̶e̶ ̶e̶i̶n̶ ̶s̶u̶p̶e̶r̶ ̶C̶o̶m̶p̶u̶t̶e̶r̶s̶p̶i̶e̶l̶.̶ ✕ Oh, schade, das geht nicht. Ich muss lernen.
Ja, klar. Wann denn? ✕ Morgen ist Freitag … okay, das geht.

● *Ich habe ein super Computerspiel. Möchtest*

◆ ....

● ....

◆ ....

● ....

◆ ....

● ....

↓ NACH AUFGABE 8 ▐

9 Wann ist das? Ordne zu.

am Morgen ✕ am Vormittag ✕ am Mittag ✕ am Nachmittag ✕ am Abend ✕ in der Nacht

1. *am* ....

3. ....

5. ....

2. ....

4. ....

6. ....

10 Zeichne die Zeiger in die Uhren.

1. ■ Wann hast du Gitarre?
   ◆ Um halb vier.

3. ■ Wann kommt Laura?
   ◆ Um halb drei.

2. ■ Wann spielt ihr Volleyball?
   ◆ Um fünf.

4. ■ Wann spielen wir Tennis?
   ◆ Um halb eins.

11a Was passt? Ordne zu.

09:30 ✕ 17:00 ✕ 15:30 ✕ 12:30

▲ Wann haben wir heute Theatergruppe?

1. ● Um fünf.

2. ● Um halb eins.

3. ● Um halb vier.

4. ● Um halb zehn.

b Wann ist die Theatergruppe wirklich? Schreib die Uhrzeit.

Um _____

Theatergruppe
DONNERSTAG 16:30

12 Ergänze *am, um.*

1. Wir spielen *um* halb fünf Volleyball.
   Kommst du auch?

2. ◆ Was machst du _____ Nachmittag?
   Hast du Zeit?
   ▼ Nein, tut mir leid.
   ◆ Und _____ Abend?
   ▼ Ja klar.

3. ◆ Wir spielen Theater.
   ▼ Wann?
   ◆ _____ Samstag _____ sechs Uhr.

So kannst du dir das merken:
am Samstag, am Nachmittag
um 4 Uhr

↓ NACH AUFGABE 10 ┃

13a Welche Frage passt? Ordne zu.

Wie spät ist es? ✕ Wann kommst du?

1. ● _____ ■ Um halb drei.
2. ● _____ ■ Acht Uhr.

b Ergänze die Antwort.

1. ▼ Wann kommst du? | 12:30 | ● _____

2. ▼ Wie spät ist es? | 12:00 | ● _____

14 Lies und ergänze.

◆ Wie spät ist es?

1. (13:00)

▲ *Eins.* / *Ein Uhr.*

▲ *Es ist eins.* / *ein Uhr.*

3. (10:00)

▲ _____ / _____

▲ _____ / _____

5. (17:30)

▲ _____

▲ _____

2. (16:00)

▲ _____ / _____

▲ *Es ist vier.* / _____

4. (12:30)

▲ *Halb eins.*

▲ *Es ist* _____

6. (11:30)

▲ _____

▲ _____

> Es ist vier (Uhr).
> (!) Es ist halb vier ~~Uhr.~~

NACH AUFGABE 12

GRAMMATIK

15 Schreib die passenden Personalpronomen zu den Verbformen und ergänze dann die Tabelle.

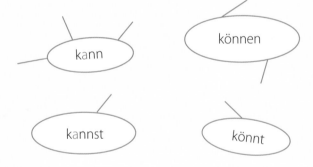

	müssen	können
ich	muss	
du	musst	
er/sie	muss	
wir	müssen	
ihr	müsst	
sie	müssen	

> Das Verb *können* ist wie *möchten* und *müssen* ein Modalverb.
> Ich (muss) / (möchte) / (kann) heute nicht Mathe (lernen).

16 Schreib Sätze mit der richtigen Form von *können*.

1. können — heute nicht — Mario — kommen

   Mario kann _____

2. spielen — Wir — heute nicht am Computer — können

   _____

3. am Nachmittag zusammen — können — Wir — lernen

   _____

4. ich — einen Ananassaft — Können — trinken

   _____

5. können — Wann — kommen — du

   _____

17 Ergänze das passende Verb in der richtigen Form.

1. ▲ _Kannst_ (müssen / können) du um fünf kommen?

   ◆ Nein, das geht nicht. Um fünf habe ich Sport.

2. ● Wir haben heute Theatergruppe. _____ (möchten / müssen) ihr kommen?

   ◆ Ich _____ (müssen / können) heute nicht kommen.

      Ich _____ (müssen / können) Mathe lernen.

3. ● Warum _____ (müssen / können) du heute Mathe lernen? _____

      (müssen / können) du nicht morgen lernen?

   ◆ Nein. Wir _____ (möchten / müssen) morgen Geschichte lernen.

   ● Und du, Leonie?

   ▲ Ich _____ (müssen / möchten) heute nicht kommen. Ich habe keine Lust.

      Und Sven _____ (müssen / können) auch nicht kommen. Er ist in Berlin.

   ● Schade! Dann _____ (müssen / können) wir nicht spielen.

AUSSPRACHE

18 au – eu: Hör zu und sprich nach.

24))

| au → | aus | auch | tauchen | Laura | blau | braun |
| eu → | neun | heute | Europa | Freund | Schlagzeug | Deutschland |

19 Was hörst du? Kreuze an.

25))

	au eu		au eu		au eu
1.	○ ○	4.	○ ○	7.	○ ○
2.	○ ○	5.	○ ○	8.	○ ○
3.	○ ○	6.	○ ○	9.	○ ○

20a Hör zu und sprich nach.

6-28))

2. Schauen Sie, Frau Hauser! Frau Breule taucht heute auch!

1. Neun Frauen aus Europa brauchen im August neue Taschen.

3. Mein Freund kauft braune Raumschiffe und grau-blaue Flugzeuge.

b Sprich die Sätze sehr schnell.

Das sind deine Wörter!

schauen	....	Simon und Laura möchten einen Film ~.
lernen	....	Laura muss Biologie ~.
morgen	....	Hast du ~ Zeit?
(die) Zeit (nur Sg.)	....	● Hast du ~? ■ Nein, ich habe keine ~.
die DVD, -s	....	
wann	....	▲ Möchtest du heute kommen? ● Ja, klar. ~ denn?
schade	....	Oh ~, das geht nicht.
müssen (! ich muss, du musst, er/sie muss)	....	Ich ~ noch Bio lernen.
Bio (nur Sg.)	....	= die Biologie
tut mir leid	....	~. Ich habe keine Zeit.
üben	....	Simon muss Gitarre ~.
das geht	....	

Hast du morgen Zeit?

Okay, ~!

Die Tageszeiten

der Morgen,-	der Vormittag,-e	der Mittag,-e
_____	_____	_____
der Nachmittag,-e	der Abend,-e	die Nacht,-̈e
_____	_____	_____

(!) Am Morgen höre ich gern Musik. Heute habe ich Karate, aber morgen habe ich frei.

---

am	....	Hast du ~ Nachmittag Zeit?
halb	....	~ drei
um	....	Kommst du ~ halb drei?
(die) Uhr (nur Sg.)	....	Simon hat um fünf ~ Informatik.
bis morgen	....	● Wir sind morgen um halb drei bei Simon. ▲ Alles klar, ~.
es ist	....	~ schon halb sechs.
wie spät	....	~ ist es denn jetzt?
Oh, Mist!	....	~! Es ist schon halb acht.

(!) Wie spät ist es? (Es ist) halb sechs.
Wann kommst du? Um halb sechs.

denken	....	
können (! ich kann, du kannst, er/sie kann)	....	Du ~ auch ein Sudoku machen.
mit	....	Du kannst auch ~ Anna telefonieren.
Au ja! ☺	....	◆ Du kannst auch einen Film schauen. ● ~, super!
Na toll!	....	
Spinnst du?	....	
allein	....	Du kannst den Film auch ~ schauen.

(→) DIE UHRZEIT SIEHE S. 89

Lesen

1a **Schau die Fotos an. Was machen die Personen? Schreib Sätze.**

Theater spielen ✕ einen Film schauen ✕ Musik machen ✕ Sport machen

Sie ....

....

b **Welche Fotos aus 1a passen zu Text 1 und 2? Lies die Texte und ergänze.**

Text 1: Foto .... *Text 2: Foto* ....

LESSING-GYMNASIUM HANNOVER

		STARTSEITE

Info
Termine
Projekte
Fotos
Aktivitäten
Sport
Musik
Sprachen
Theatergruppe
Filme

STARTSEITE
DIE SCHULE
AKTUELLES
KONTAKT
LINKS

① Club „Sprachfix": Wer kommt?
Liebst du Sprachen? Dann bist du hier richtig! Wir schauen DVDs, hören Musik und machen Spiele auf Englisch und Französisch. Interesse? Dann komm. Wir sind immer am Mittwoch von 16 bis 18 Uhr in der Bibliothek.

② Die „wilden Prinzessinnen" suchen dich!
An alle Mädchen der Klassen 7 bis 10:
Was machst du am Dienstag von 17 bis 18 Uhr?
Spielst du Saxofon, Klavier, Schlagzeug oder Gitarre oder singst du? Wir brauchen dich!
Infos: Sabrina, Klasse 8, mobil 0179/912 265 77

c **Lies die Texte in 1b noch einmal und ergänze die Informationen.**

	Text 1	Text 2
1. Wer schreibt?		
2. Was machen sie?		
3. Wo sind sie?		
4. Wann ist das?		

Nicht alle Wörter im Text sind wichtig. Markiere die wichtigen Informationen: Wer? Wo? Was? Wann?

Hören

2a **Du hörst eine Nachricht. Was ist das Thema? Kreuze an.**

29 ⊙)) ⓐ Sport ⓑ Lernen ⓒ Musik

> Lies die Aufgabe immer vor dem Hören: Welche Informationen brauchst du? Was ist wichtig?

b **Lies die Aufgaben und hör die Nachricht noch einmal. Was ist richtig? Kreuze an.**

29 ⊙)) 1. Wann möchte David mit Tom üben?

ⓐ am Montag ⓑ am Mittwoch ⓒ am Freitag

2. David hat Probleme mit

ⓐ Mathe. ⓑ Physik. ⓒ Deutsch.

3. Was möchte David am Samstag mit Tom machen?

ⓐ Filme schauen ⓑ Tennis spielen ⓒ schwimmen

Schreiben

3a **Lies die E-Mail. Beantworte die Fragen.**

```
Hi!
Ich bin Paula, eine Freundin von Pia. Sie sagt, Du spielst Gitarre. Timo (13) und ich
(12) machen zusammen Musik. Er spielt Schlagzeug und ich Saxofon. Wir haben eine Frage:
Möchtest Du vielleicht mit uns zusammen spielen? Hast Du Lust? Wir können auch Lina
fragen. Sie singt gern. Dann sind wir eine richtige kleine „Band" ☺. Hast Du Montag um
17 Uhr Zeit?
Tschüss, Paula
```

Wer schreibt? _____ Was ist das Thema? _____

b **Schreib eine E-Mail und antworte. Schreib zu jeder Frage einen oder zwei Sätze.**

1. Möchtest du mit Paula, Timo und Lina Musik machen?
2. Hast du am Montag um 17 Uhr Zeit?

```
Hallo Paula,
```

Das kannst du jetzt! ⟳

Mach die Übungen. Schau dann auf S. 91 und kontrolliere.

Kreuze an. ☺ *Das kann ich gut!* / ☺ *Das geht so.* / ☹ *Das muss ich noch üben.*

1 **Dein Stundenplan. Was hast du am Montag? Wie findest du die Fächer?**

Am Montag .... *ich* .... *Stunden* ....

....

.... *finde ich* ....

....

Ich kann über meinen Stundenplan sprechen und meine Meinung ausdrücken. ☺ ☺ ☹

2 **Lies die Fragen und antworte.**

1. ◆ Sprichst du gut Englisch?　　　　● ....

2. ◆ Und Französisch?　　　　　　　　● ....

3. ◆ Sprichst du Griechisch?　　　　　● ....

Ich kann über meine Sprachkenntnisse sprechen. ☺ ☺ ☹

3 **Was möchtest du heute gern machen? Was musst du machen?**

1. *Am Nachmittag* .... *ich* ....

....

2. *Am Abend* ....

Ich kann einen Wunsch ausdrücken und sagen, was ich machen muss. ☺ ☺ ☹

4a **Deine Freundin / Dein Freund möchte sich mit dir verabreden. Was schreibt sie/er in der SMS?**

b **Was antwortest du?**

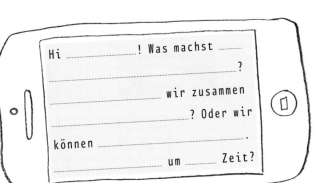

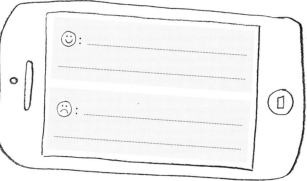

Ich kann Zeitangaben machen und mich verabreden, einen Vorschlag machen, annehmen oder ablehnen.

☺ ☺ ☹

5 **Du fragst eine Freundin / einen Freund. Was antwortet sie/er?**

1. ● Sprichst du nicht gut Englisch?　　☺ ▲ ....

2. ● Machst du nicht gern Mathe?　　　☹ ▲ ....

3. ● Machst du gern Sport?　　　　　　☺ ▲ ....

Ich kann auf Fragen positiv oder negativ antworten. ☺ ☺ ☹

Mein Bruder ist einfach super!

NACH AUFGABE 2

1 **Was passt zusammen? Verbinde.**

1. die Tante   ⓐ der Großvater
2. die Mutter   ⓑ der Opa
3. die Schwester   ⓒ der Bruder
4. die Großmutter   ⓓ der Vater
5. die Oma   ⓔ der Cousin
6. die Cousine   ⓕ der Onkel

2 **Ergänze.**

1. mein Vater + meine Mutter = _meine Eltern_
2. mein Großvater + meine Großmutter = _meine_ _____
3. mein Bruder + meine Schwester = _meine_ _____
4. mein Vater + meine Mutter + meine Schwester + mein Bruder = _meine_ _____

3a **Ergänze die Sätze und lös das Rätsel.**

1. David macht _Breakdance_.
2. Kati _____ gern.
3. Annas Opa ist _____.
4. Laura _____ Hausaufgaben.
5. Simon trinkt _____.
6. Mira _____ gern.
7. Machst du gern _____?

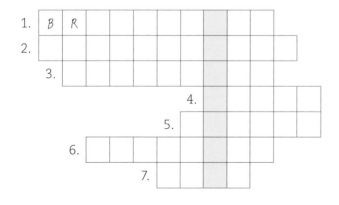

1. | B | R | | | | | | |
2. | | | | | | | |
3. | | | | | | |
4. | | | | |
5. | | | | |
6. | | | | | |
7. | | | | |

b **Ergänze das Lösungswort.**

_____ kauft eine CD.

NACH AUFGABE 3

GRAMMATIK

4a Was sagt Nicki? Schau das Bild an und ergänze.

Geschwister ✕ Eltern ✕ Schwester ✕ Fahrrad ✕ ~~Familie~~ ✕ Bruder ✕ Mutter ✕ Vater

Das ist meine _Familie_ (1). Meine

.... (2) machen Judo. Micki,

mein .... (3), ist super in Judo,

aber meine .... (4) Vicki ist

die Nummer 1. Und ich mache Breakdance.

Micki, Vicki und ich, wir lieben Sport. Aber

meine .... (5) finden Sport

blöd. Meine .... (6) schaut

einen Film. Und mein .... (7)

zeichnet ein Fahrrad. Das ist mein

.... (8).

b Markiere die eingesetzten Wörter in 4a.

blau = Wörter mit *der*	grün = Wörter mit das	rot = Wörter mit die	orange = Wörter im *Plural*

c Ergänze die markierten Wörter.

mein .... / ....

mein ....

meine _Familie_ / .... / ....

meine .... / ....

5 Ergänze *mein* oder *meine*.

1. _Meine_ .... Schwester nervt manchmal. Sie übt jeden Nachmittag Saxofon.

2. ● Das sind .... Freunde Jonas und Paul.   ◆ Hallo, ich bin Clemens.

3. ◆ Simon ist toll.   ■ Ja, ... Bruder ist okay.

4. ▲ Schau mal, ... Surfbrett.   ■ Oh, cool.

5. .... Mutter ist Synchronsprecherin.

6. ● Wo ist denn .... Heft?   ▼ Hier, Leon.

6 Stell deine Familie vor.

M .... heißt ....

....

....

....

↓ NACH AUFGABE 4

7 Ergänze *mein/meine* oder *dein/deine*.

Ist das ___dein___ (1) Block?

Nein, das ist nicht _____ (2) Block.

Hey, das ist _____ (3) Lineal.

_____ (4) Lineal? Nein, das ist _____ (5) Lineal!

Ist das _____ (6) Schwester?

Und wie heißt sie?

Ja.

_____ (7) Schwester heißt Lilly.

Sind das _____ (8) Freunde?

Ja, Simon und Nico.

↓ NACH AUFGABE 5

GRAMMATIK

8a Finde noch vier Berufe.

U	T	L	K	Ä	S	H	A	A	C	H	T
K	B	I	O	M	F	O	F	E	H	M	U
A	A	R	C	H	I	T	E	K	T	I	N
S	I	C	H	A	U	S	F	R	A	U	Z
I	N	H	L	N	S	P	U	E	G	K	E
B	E	L	O	B	L	Ö	S	T	V	N	S
Ä	R	Z	T	I	N	F	D	Y	L	A	D
N	I	B	L	E	H	R	E	R	E	N	O

b Ergänze die Berufe aus 8a mit Artikel.

☺	☺☺
der _Koch_	→ ! die Köchin
der Arzt	→ ! _____
der Architekt	→ _____
_____	→ die Lehrerin
der Hausmann	→ ! _____

Wie heißt das in deiner Sprache?

der Koch = _____

die Köchin = _____

c Was ist typisch für die feminine Form ☺☺?
Unterstreiche in 8b.

9 Wer arbeitet hier? Ergänze.

 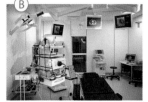  

Ⓐ der _Hausmann_
die _____
der _____
die _____

Ⓑ der _____
die _____

Ⓒ der _____
die _____

Ⓓ der _____
die _____

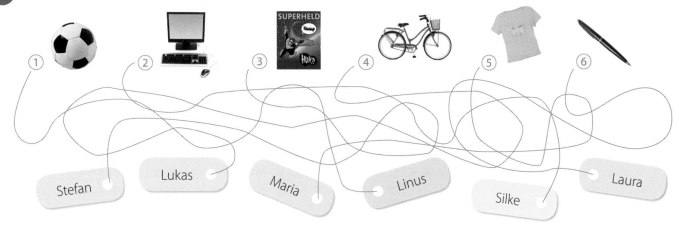

↓ NACH AUFGABE 6

GRAMMATIK

10a **Lös das Rätsel: Was ist richtig? Unterstreiche.**

Fabian ist Susannes Bruder und Andreas' Onkel.
Wer ist Susanne?
Susanne ist Andreas'
Großmutter / Schwester / Mutter .

b **Unterstreiche die Namen in 10a und ergänze die Regel.**

> *Genitiv bei Namen:* Simon <u>s</u>
> Susanne _ Eltern
> ⚠ Andreas _

11 **Schreib Sätze wie im Beispiel.**

① ② ③ ④ ⑤ ⑥

Stefan   Lukas   Maria   Linus   Silke   Laura

1. *Das ist Linus' Fußball.*
2. _____
3. _____
4. _____
5. _____
6. _____

↓ NACH AUFGABE 9

GRAMMATIK

12a **Woher kommen die Jungen und Mädchen? Was glaubst du? Ergänze.**

aus Kenia ✕ aus der Türkei ✕ ~~aus China~~ ✕ aus der Schweiz ✕ aus den USA ✕ aus Russland

1. _____
2. *aus China*
3. _____
4. _____
5. _____
6. _____

b **Ergänze die Regel.**

> *ohne Artikel:* Deutschland, Kenia, China, … → _____ Deutschland, _____ Kenia, _____ China, …
> ⚠ *mit Artikel:* die Schweiz, die Türkei, … → _____ Schweiz, …
> die USA → _____ USA, …

13 Woher kommt das?
Was glaubst du?
Ordne zu und ergänze.

| Japan ✕ Australien ✕ die Schweiz ✕ Italien |
| ~~die Türkei~~ ✕ Südafrika ✕ Frankreich ✕ die USA |

1. *aus der Türkei* _____   3. _____   5. _____   7. _____

2. _____   4. _____   6. _____   8. _____

↓ NACH AUFGABE 10 ▌

14 **Was passt nicht? Streiche durch.**

1. Stadion — Fußball — ~~Radiergummi~~ — Trainer
2. Architekt — Tänzerin — Kunst — Lehrer
3. Füller — Sporttasche — Kuli — Lineal

4. Rucksack — Onkel — Schwester — Tante
5. Mathe — Bio — Französisch — Theater
6. Stadion — Sporthalle — Theater — Sekretärin

15 **Was müssen sie machen? Verbinde.**

1. Ein Breakdancer muss
2. Eine Synchronsprecherin muss

ⓐ viel trainieren.
ⓑ den Text lernen.
ⓒ Musik hören.
ⓓ Choreografien üben.
ⓔ eine Rolle üben.

↓ NACH AUFGABE 11 ▌

GRAMMATIK

16a **Schau die Fotos an. Was passt? Unterstreiche.**

A   B   C   D   E   F

1. A ist ein / **kein** Theater.
2. B ist ein / kein Kuli.
3. C ist eine / keine Sporttasche.

4. D ist ein / kein Trainer.
5. E ist eine / keine CD.
6. F ist eine / keine CD.

Wie heißt das
in deiner Sprache?
„Nein, das ist keine CD,
das ist eine DVD."

b **Ergänze die Tabelle.**

Nominativ	*ein* / _____	_____ / *kein*	_____ / _____
	Kuli / Trainer	Theater / Lineal	CD / Sporttasche

17a Was brauchen sie? Ergänze.

Block ✕ CD ✕ Lineal ✕ Trainer ✕ Theater ✕ Bleistift ✕ Sporthalle ✕ ~~Fußball~~ ✕ Stadion

 1. Ich spiele Fußball.
Ich brauche nur einen
Fußball .

 2. Ich spiele Theater.
Ich brauche natürlich ein
....

 3. Ich zeichne gern. Ich brauche einen
........................, einen ....
und ein ....

 4. Ich tanze Hip-Hop. Ich brauche kein
.... und keinen
.... Aber ich brauche eine
........................und eine
.... mit super Musik.

b Ergänze die Tabelle.

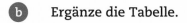

Akkusativ	*einen* /	.... / *kein*	.... / ....
	Block / Trainer / Bleistift / Fußball	Lineal / Theater / Stadion	CD / Sporthalle

18 Wer braucht das? Verbinde und schreib Sätze.

1. die Sekretärin ⎯⎯⎯⎯⎯ (a) Schiff
2. die Fußballspielerin (b) Bleistift und Block
3. der Kapitän (c) Sporttasche

1. *Die Sekretärin braucht einen Bleistift und einen Block. Sie braucht kein Schiff und*
....
2. ....
....
3. ....
....

AUSSPRACHE

19a Vokalneueinsatz: **Hör zu und sprich nach (mit Pause ‖).**

30 ⏵))
1. Europa – in ‖ Europa
2. Eltern – Groß ‖ eltern
3. und ‖ ihr – und wir
4. Ende – Wochen ‖ ende
5. acht – um ‖ acht
6. Australien – aus ‖ Australien

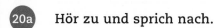

b Sprich noch einmal und klatsche bei ‖ in die Hände.

Groß eltern

20a Hör zu und sprich nach.

31 ⏵))
1. ● Wer ‖ ist das?
   ▲ Das ‖ ist Herr ‖ Anders.

2. ● Wann kommt dein ‖ Onkel?
   ▲ Im ‖ April.

3. ● Was ‖ ist ‖ er von Beruf?
   ▲ Mein Vater ‖ ist ‖ Arzt.

4. ● Woher kommt ‖ ihr?
   ▲ Aus ‖ Italien.

b Sprecht die Dialoge zu zweit.

 Das sind deine Wörter!

Die Familie

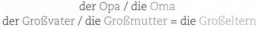

der Opa / die Oma
der Großvater / die Großmutter = die Großeltern

der Onkel / die Tante

der Vater / die Mutter = die Eltern

Lern die Wörter in Paaren, z.B. der Opa – die Oma.

der Cousin / die Cousine

der Bruder / die Schwester = die Geschwister

(das) Judo (nur Sg.)		Anna macht kein ~. Sie macht Karate.
zeichnen ((!) er/sie zeichnet)		
(das) Wasser (nur Sg.)		Nico möchte ~ trinken.
niemand		~ macht Judo.
(der) Breakdance (nur Sg.)		David macht ~.
nerven		Meine Mutter ~ manchmal.
manchmal		Meine Mutter nervt ~.
mein / meine		~ Bruder ist super. Aber ~ Mutter nervt.
dein / deine		Ist das ~ Vater? Ist das ~ Mutter?

Die Berufe

der Architekt / die Architektin	der Lehrer / die Lehrerin	der Hausmann / die Hausfrau
der Koch / die Köchin	der Arzt / die Ärztin	der Sekretär / die Sekretärin
der Trainer / die Trainerin	der Tänzer / die Tänzerin	

das Turnier, -e		Die Breakdancer treffen sich zum ~.
trainieren		Breakdancer müssen viel ~.

Aus manchen Verben lassen sich ganz einfach Substantive machen, z. B. *trainieren = der Trainer / die Trainerin*. Lern die Wörter zusammen.

Die Länder

 Australien   China   Griechenland   Kenia

 Russland   die Türkei   die Schweiz Spanien

(die) Energie, -n		Ein Breakdancer braucht ~.
die Sporthalle, -n		Ein Breakdancer braucht keine ~.
das Stadion, Stadien		Ein Breakdancer braucht kein ~.

Trinken wir einen Karibik-Cocktail?

↓ NACH AUFGABE 2 |

1 Lös das Rätsel und ergänze das Lösungswort.

| | 1. | E | I | S | T | E | E | | | | |

2.

3.

4.

5.

6.

7.

T _____

2 Ergänze die Nomen mit Artikel.

> Kakao ✕ Tee ✕ Milch ✕ Limo ✕ Orangensaft ✕ Cola
> Mineralwasser ✕ Eistee ✕ Spezi ✕ Kaffee ✕ Apfelsaft

der	das	die

↓ NACH AUFGABE 3 |

GRAMMATIK

3a Was mögen die Personen? Schreib auf.

1. Er mag _____

2. _____

3. _____

4. Sie mögen _____

Und du? Was magst du?   Ich mag _____

b Schreib die Verbformen in die Tabelle.

	mögen		
ich		wir	mögen
du		ihr	mögt
er/sie		sie	

Anna

4 Ergänze die Formen von *mögen*.

1. ● Möchtest du Kakao? ◆ Nein, danke. Kakao .... ich nicht.

2. ■ .... 🤍 du Vanessa? ▲ Ja, ich .... sie. Du nicht?

3. ● Schau mal, das T-Shirt! Toll! ▼ .... du Gelb? Ich nicht.

4. ◆ Mixen wir einen Karibik-Cocktail? ■ Nein, Laura .... das nicht.

5. ▲ Meine Mutter .... Tee und mein Vater .... Kaffee mit Milch.

   ■ Mein Bruder und ich, wir .... Eistee.

6. ● .... ihr die Sportlehrerin?

   ◆ Ich finde sie toll. Aber Lukas und Julia .... sie nicht.

Wie heißt
das in deiner Sprache?
„Ich mag das T-Shirt."

→ ....

„Ich mag die Sportlehrerin."

→ ....
....

NACH AUFGABE 4 |

5 Schreib kleine Dialoge wie im Beispiel.

1. Vanessa: Cola ☹   Limonade ☺

   ● *Vanessa, magst du Cola?*   ◆ *Nein, Cola mag ich* ....

   Ich mag lieber ....

2. Paul: Tee ☹   Kaffee ☺

   ● ....   ◆ ....
   ....

3. Lina: Apfelsaft ☹   Orangensaft ☺

   ● ....   ◆ ....
   ....

6 Ergänze die Nomen mit Artikel.

Zitrone ✕ Zucker ✕ Milch ✕ Glas ✕ Banane
Mineralwasser ✕ Orange ✕ Apfel ✕ Mango

1. ....

2. ....

3. ....

4. ....

5. ....

6. ....

7. ....

8. ....

9. ....

7 Ergänze die passende Antwort.

Ich weiß nicht. ✕ Ja, klar. ✕ Nein.

1. ● Möchtest du ein Glas Mineralwasser?   ◆ .... Ich habe Durst.

2. ● Trinkst du gern Cola?   ◆ .... Ich trinke lieber Limonade.

3. ● Trinkt Simon gern Bananenmilch?   ◆ ....

NACH AUFGABE 7

8 Schreib die Zahlen.

1 = eins → _10_ = _____   6 = sechs → _____ = _____

2 = zwei → _20_ = _zwanzig_   7 = sieben → _____ = _____

3 = drei → _30_ = _____   8 = acht → _____ = _____

4 = vier → _____ = _____   9 = neun → _____ = _____

5 = fünf → _____ = _____   10 = zehn → _____ = _____

9 Ergänze die Zahlenreihe.

36   33   30   27   24 → _____

sechsunddreißig,

NACH AUFGABE 9

10a Sieh die Fotos an und lies die Dialoge. Was passt? Ordne zu.

1. ● Herr Lehmann? Können Sie bitte mal kommen?
   ◆ Ja, gleich.

2. ● Jonas, möchtest du Tee?
   ◆ Nein. Ich möchte lieber Kakao.

3. ● Guten Tag! Was trinken Sie?
   ◆ Eine Cola und einen Orangensaft, bitte.

4. ● Magst du Bananensaft?
   ◆ Nein, ich glaube, das mag ich nicht.

b Unterstreiche in 10a die Verbformen mit „Sie". Wer sagt „Sie"?

Wie sagst du *Sie* in deiner Sprache? Wie sagst du zu deinen Eltern, zu deinen Freunden, zu deinen Lehrern?

11 Ergänze die Verben in der richtigen Form.

sein × ~~kommen~~ × wohnen × sprechen × heißen × trinken

1. Woher _kommen_ Sie?
2. Wo _____ du?
3. Wie _____ Sie?
4. _____ Sie Englisch?
5. Du _____ gut in Mathe.
6. _____ Sie Kaffee?

NACH AUFGABE 10

12 Wie viel kostet das? Schreib und rechne.

Der Apfelsaft kostet zwei Euro

Das macht zusammen

Bistro & Café Alex
Alexanderplatz 8 • 10178 Berlin
Telefon 030-282703 6
----
1 x Apfelsaft
1 x Mineralwasser   2,80
1 x Kaffee   1,75
  2,20
Summe _____

13 **Welche Antwort passt? Kreuze an.**

1. ● Auf Wiedersehen, Frau Meier!

ⓐ ◆ Das schmeckt gut.   ⓑ ◆ Guten Tag, Anna!   ⓒ ◆ Tschüss, Tim!

2. ● Hier ist der Mangosaft.

ⓐ ◆ Ich weiß nicht.   ⓑ ◆ Vielen Dank.   ⓒ ◆ Hallo!

3. ● Möchtest du sonst noch etwas?

ⓐ ◆ Tschüss.   ⓑ ◆ Auf Wiedersehen.   ⓒ ◆ Nein, vielen Dank.

↓ NACH AUFGABE 11 ▌

14 **Ordne den Dialog.**

Hallo, Simon. ✕ Ich möchte bitte eine Cola. ✕ Vielen Dank. ✕ Das macht 1,80 Euro.
Tschüss, Simon. ✕ Guten Tag, Herr Meier. ✕ ~~Hier, bitte.~~ ✕ Auf Wiedersehen, Herr Meier.

Simon: ....

Herr Meier: ....

Simon: ....

Herr Meier: ....

Simon: *Hier, bitte.* ....

Herr Meier: ....

Simon: ....

Herr Meier: ....

15 **Was passt? Ergänze *ein Glas, eine Tüte, eine Flasche*.**

1. Ich möchte .... Chips.

2. Herr Müller kauft .... Apfelsaft.

3. Frau Heider trinkt .... Milch.

4. Patrick kauft .... Popcorn.

↓ NACH AUFGABE 14 ▌

GRAMMATIK

16a **Ordne die Wörter nach den Pluralformen und ergänze die Artikel.**

Heft ✕ Buch ✕ Radiergummis ✕ ~~Block~~ ✕ Gitarren ✕ ~~Scheren~~ ✕ Lineal ✕ Bücher
Junge ✕ Flasche ✕ Kuli ✕ Spitzer ✕ ~~Fahrräder~~ ✕ Hefte ✕ Mädchen ✕ Gitarre
Marker ✕ Spitzer ✕ ~~Blöcke~~ ✕ ~~Schere~~ ✕ Zeitungen ✕ Sporttasche ✕ ~~Kulis~~ ✕ Marker
Sporttaschen ✕ Jungen ✕ Flaschen ✕ Radiergummi ✕ Lineale ✕ ~~Mädchen~~ ✕ Zeitung
~~Fahrrad~~

der Block,

-e / ⸚e
die Blöcke,

das Fahrrad,

-(e)n
die Scheren,

-er / ⸚er
die Fahrräder,

die Schere,

-s
die Kulis,

- / ⸚
die Mädchen,

b **Ergänze die Regel.**

Alle Nomen haben im Plural den bestimmen Artikel ....

17a **Unterstreiche die Nomen und Artikel.**

unbestimmter Artikel	
Singular	Plural
Da ist <u>ein Junge.</u>	Da sind Jungen.
Da ist ein Heft.	Da sind Hefte.
Da ist eine Flasche.	Da sind Flaschen.

b **Ergänze die Regel.**

Alle Nomen haben im .... **keinen** unbestimmten Artikel.

NACH AUFGABE 15 |

18a **Ergänze die Nomen im Plural.**

1. *Simon:* Meine .... sind nass.

Und meine .... und meine *CDs* .

Und meine *Comics* .... sind auch nass.

2. *Laura:* Was? *CDs* und .... ?

Du hast keine .... ! Und du hast auch

keine .... !

b Ergänze aus dem Dialog in 18a.

Singular					
Nominativ		der Comic das Heft die CD	ein Comic ein Heft eine CD	mein Comic mein Heft meine CD	kein Comic kein Heft keine CD
Plural					
Nominativ		Comics die Hefte CDs	Comics (!) Hefte CDs	Comics _____ Hefte CDs	Comics keine Hefte CDs
Akkusativ	du hast	Comics die Hefte CDs	Comics (!) Hefte CDs	Comics meine Hefte CDs	Comics _____ Hefte CDs

19 Ergänze die Artikel. Wo gibt es keine Artikel?

1. Das sind _keine_ Bleistifte, das sind — Kulis.

2. Ich kaufe k_____ Chips. Ich mag lieber Pizza.

3. Für einen Karibik-Cocktail brauchst du k_____ Bananen.

4. Ich finde m_____ CDs nicht. Hast du _____ CDs für mich?

5. Mama, ich möchte k_____ Bücher, ich möchte _____ Comics!

AUSSPRACHE

20 ä – ö – ü: Hör zu und sprich nach.

32

ä →	Sekretärin	Tänzer	Mädchen	spät	März	Kapitän
ö →	hören	können	blöd	mögen	zwölf	Österreich
ü →	müssen	natürlich	üben	Tüte	Füller	süß

21a Hör zu und sprich nach.

33

1. a – ä
Fahrrad – Fahrräder
Arzt – Ärztin
Satz – Sätze
Land – Länder

äää

2. o – ö
Block – Blöcke
Koch – Köche
Wort – Wörter
Sohn – Söhne

ööö

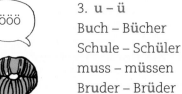

3. u – ü
Buch – Bücher
Schule – Schüler
muss – müssen
Bruder – Brüder

üüü

b Sprecht die Wort-Paare zu zweit.

22 Hör zu und sprich nach.

34

Schüler sein

Füller, Bücher, Blöcke, Hefte,
Fahrräder und Rucksäcke haben

Mathe nicht mögen,
fünfundfünfzig und zwölf rechnen müssen

Sätze aus Österreich hören
französische Wörter sprechen können

Städte- und Ländernamen kennen,
und natürlich … üben, üben, üben!

Das sind deine Wörter!

Die Getränke

das Mineralwasser   die Cola, -s   der Tee, -s   der Eistee, -s   der Karibik-Cocktail, -s

der Kakao, -s   das Spezi (nur Sg.)   der Kaffee, -s   die Limo, -s = die Limonade, -n

Die Obstsorten

die Mango, -s   die Banane, -n   die Zitrone, -n   die Orange, -n   der Apfel, ¨

der Saft, ¨e

der Apfel~, der Orangen~, der Mango~

die Milch (nur Sg.)

die Bananen~

mit

Spezi ist Cola ~ Limo.

(der) Durst (nur Sg.)

Ich habe ~. Ich möchte etwas trinken.

mögen (!) ich mag, du magst, er/sie mag)

Eistee ~ ich nicht. Ich ~ Cola.

lieber

der Eiswürfel, -

Kaffee mag ich nicht. Ich mag ~ Kakao.

der Zucker (nur Sg.)

schmecken

Ich glaube, das ~ nicht gut.

(das) Geld (nur Sg.)

Wir haben genug ~ für den Saft.

mehr ↔ weniger

Auf Wiedersehen.

↔ Guten Tag.

die Flasche, -n   das Glas, ¨er   die Tüte, -n

kosten (!) es kostet)

Wieviel ~ die Cola?

der Euro (nur Sg.)

der Cent (nur Sg.)

Herr Wagner   Frau Schmidt

Sie

Anna: Frau Schmid, haben ~ Ananassaft?

Hier, bitte.

■ Ich möchte eine Cola. ● ~

Am Kiosk

die Schokolade, -n   der Comic, -s   das Eis (nur Sg.)   die Chips (nur Pl.)   die Zeitung, -en

(das) Popcorn (nur Sg.)

Im Kino kaufe ich immer ~.

Entschuldigung! Das tut mir leid.

furchtbar

Igitt, das schmeckt ~.

das Buch, ¨er

Meine Hefte, meine ~. Alles nass!

Lern immer auch die Pluralform der Wörter.

die Sache, -n

Meine Hefte, meine Bücher = meine ~.

stehen

Das ist mein Buch. Da ~ mein Name.

der Name, -n

Mein ~ ist Laura.

 DIE ZAHLEN BIS HUNDERT SIEHE S. 89

Anna

Was isst du gern?

9
LEKTION

↓ NACH AUFGABE 2 |

1a Was passt wo? Ergänze die Nomen mit Artikel.

Gemüse ✕ ~~Marmelade~~ ✕ Brötchen ✕ Kuchen ✕ Fleisch ✕ Brot ✕ Reis ✕ Fisch ✕ Obst

(A)	(B)	(C)	(D)	(E)

die Marmelade _____ _____ _____ _____

(F)	(G)	(H)	(I)

_____ _____ _____ _____

b Schreib die Wörter richtig mit Vokalen und Artikel.

1. Brtchn *das* *Brötchen* _____
2. Mrmld _____
3. bst _____

4. Rs _____
5. Brt _____
6. Kchn _____

7. Flsch _____
8. Gms _____
9. Fsch _____

2 Was magst du gern / nicht gern? Ergänze die Wörter aus 1a.

☺ *Ich mag* _____ ,

☹ *aber ich mag keinen / kein / keine* _____

↓ NACH AUFGABE 4 |

GRAMMATIK

3a Schau die Bilder an und lies die Dialoge. Was passt zusammen? Ordne zu.

1. ● Isst er?
   ○ ◆ Nein, er isst nicht,
      er schläft.
   ● Wirklich?

2. ● Was isst du da?
   ○ ◆ Ich esse Fisch mit
      Marmelade.
   ● Das ist ja verrückt!

3. ● Schläfst du?
   ○ ◆ Nein, ich schlafe
      nicht, ich lerne.
   ● Echt?

b Unterstreiche die Formen von *essen* und *schlafen* in **3a** und schreib sie in die Tabelle.

	essen		schlafen	
ich				
du		e		a
er/es/sie		↓		↓
wir	essen		schlafen	
ihr	esst		schlaft	
sie/Sie	essen		schlafen	

c Ergänze die Regel.

> e → i: du _____,
> er/es/sie _____
> a → ä: du _____,
> er/es/sie _____

> Du kennst schon das Verb *sprechen*:
> *ich spreche* → *du sprichst*

4 Ergänze die Verben in der richtigen Form.

1. essen

   ● *Isst*_____ du gern Obst?

   ◆ Ja, ich _____ gern Bananen. Meine
   Schwester _____ lieber Ananas.

2. sprechen

   ● Telefoniert Papa?

   ◆ Ja, er _____ mit Oma.

   ● Und du? _____ du auch noch mit Oma?

   ◆ Nein, heute nicht.

3. schlafen

   ● Guten Morgen, Simon!
   _____ du noch?

   ◆ Nein, ich _____ nicht.

   ● Und Lilly?

   ◆ Pssst! Lilly _____ noch.

   ● Was?! Es ist 10 Uhr!

5a Was passt zusammen? Ergänze die Nomen mit Artikel.

Mittagessen ✕ Frühstück ✕ Abendessen

 1. _____
 2. _____
 3. _____

b Was isst und trinkt Monika zum Frühstück, zum Mittagessen und zum Abendessen?
Schreib Sätze.

1. Frühstück: *Monika isst zum Frühstück Brötchen und Marmelade. Sie trinkt Milch.*

2. Mittagessen: _____

_____

3. Abendessen: _____

_____

c Was isst und trinkst du? Schreib Sätze wie in 5b.

....

....

....

6 Was passt? Kreuze an.

1. ● Tim hat vier Surfbretter und drei Fahrräder.
   ⓐ ◆ Nein, nicht so gut.   ⓑ ◆ Ja, danke.   ⓒ ◆ Echt?

2. ● Franziska spricht Chinesisch und Türkisch.
   ⓐ ◆ Wirklich?   ⓑ ◆ Doch.   ⓒ ◆ Vielen Dank.

3. ● Florian übt in der Nacht Schlagzeug.
   ⓐ ◆ Also tschüss!   ⓑ ◆ Das ist ja verrückt!   ⓒ ◆ Keine Ahnung.

NACH AUFGABE 5

GRAMMATIK

7a Was passt zusammen? Verbinde.

1. Wo ist die Schere? ⓐ Nein, er ist rot.
2. Wie findest du das Fahrrad? ⓑ Sie ist hier!
3. Ist der Kuli blau? ⓒ Sie schmecken toll.
4. Wie schmecken die Orangen? ⓓ Es ist super!

Nomen		Personal-pronomen
der / ein Kuli	→	
das / ein Fahrrad	→	
die / eine Schere	→	sie
die / — Orangen	→	

b Unterstreiche die Nomen und Personalpronomen in 7a und schreib die Personalpronomen in die Tabelle.

8a Lies die Sätze und ergänze die Personalpronomen.

Das ist ein Apfelstrudel.
_____Er_____ kommt aus Österreich.
Du brauchst Äpfel.

Das ist ein Fischbrötchen.
_____ kommt aus Hamburg.
Du brauchst Fisch und Brötchen.

Das ist eine Paella.
_____ kommt aus Spanien.
Du brauchst Reis, Gemüse, Fisch oder Fleisch.

Das sind Röstis.
_____ kommen aus der Schweiz.
Du brauchst Kartoffeln.

b Was ist typisch bei euch? Such oder mal ein Bild und schreib einen Text wie in 8a.

NACH AUFGABE 7

9 **Welche Antwort passt? Kreuze an.**

Von ein Uhr bis vier Uhr, das sind drei Stunden.

1. ● Wann kommt Anna?
   (a) ◆ Drei Stunden.   (b) ◆ Um halb vier.   (c) ◆ Ein Uhr.

2. ● Wie lange übt ihr?
   (a) ◆ Am Montag.   (b) ◆ Von zehn bis halb zwölf.   (c) ◆ Um eins.

3. ● Wie spät ist es?
   (a) ◆ Eine Stunde.   (b) ◆ Halb sechs.   (c) ◆ Um fünf.

4. ● Wann kletterst du?
   (a) ◆ Zwei Stunden.   (b) ◆ Sieben Uhr.   (c) ◆ Von drei bis vier.

NACH AUFGABE 8

GRAMMATIK

10a **Lies die Sätze und unterstreiche die Verbteile. Ergänze dann die Infinitive.**

1. Wir <u>räumen</u> jetzt <u>auf</u>. _aufräumen_   3. Wann steht ihr morgen auf? _____

2. Am Nachmittag kaufen   4. Kauft ihr heute nicht ein? _____

   wir ein. _____

b **Schreib die Sätze aus 10a in das Schema.**

	Position 1	Position 2		Ende
Aussagesatz	Wir	räumen	jetzt	auf.
	Am Nachmittag			
W-Frage				
Ja/Nein-Frage				

c **Ergänze die Regel.**

Sätze mit trennbarem Verb (auf räumen , ein kaufen , ...)

Aussagesatz, W-Frage   Verbteil 1 (räumen, kaufen, steht, kauft) steht auf Position _____ .

Ja/Nein-Frage   Verbteil 1 steht auf Position _____ .

Verbteil 2 (auf, ein) steht immer am _____ .

SCHREIBTRAINING

11a **Lies die Notizen und schreib Sätze.**

Ein Tag im Sommercamp

1. Wir stehen um halb neun auf.
2. Wir _____
3. _____
4. _____
5. _____

1. um halb 9: aufstehen
2. duschen
3. das Frühstück machen
4. von 10 bis 11: einkaufen
5. um 12: kochen

b **Lies die Tipps.**

> Viele Sätze in 11a beginnen gleich: 1. Wir stehen … 2. Wir duschen … 3. Wir machen …
> Das ist nicht elegant. Besser schreibst du:
> Wir stehen um halb neun auf. Dann duschen wir. Dann machen wir das Frühstück. …
>
> Schau auf Seite 18 nach. Du kannst auch zwei Sätze mit und verbinden:
> Wir stehen um halb neun auf. Dann duschen wir und machen das Frühstück. …
>
> Schau auf Seite 35 nach. Du kannst den Satz auch so schreiben:
> Um halb neun stehen wir auf. …

c **Schreib den Text aus 11a neu.**

Ein Tag im Sommercamp

```
.........................................................................................
.........................................................................................
.........................................................................................
.........................................................................................
.........................................................................................
```

12 **Schreib über deinen Tag.**

```
.........................................................................................
.........................................................................................
.........................................................................................
.........................................................................................
```

NACH AUFGABE 9

GRAMMATIK

13a **Schau die Bilder an und ergänze die Sätze.**

1. Das ist Martina.

   Ihr _____ ist lila.

   Ihr _____ ist schwarz.

   Ihre _____ ist rot.

   Ihre _____ sind orange.

2. Das ist Martin.

   Sein _____ ist blau.

   Sein _____ ist grün.

   Seine _____ ist gelb.

   Seine _____ sind braun.

b Schreib die Possessivartikel aus **13a** in die Tabelle.

	⚥	⚥
Rucksack	_ihr_ Rucksack	_____ Rucksack
Fahrrad	_____ Fahrrad	_____ Fahrrad
Sporttasche	_____ Sporttasche	_____ Sporttasche
Hefte	_____ Hefte	_____ Hefte

14 Ergänze *ihr* und *sein* in der richtigen Form und antworte.

1. ● Wie heißt Annas Bruder?   ◆ _Ihr_ Bruder heißt ....
2. ● Was ist Annas Mutter von Beruf?   ◆ .... Mutter ist ....
3. ● Woher kommt Simons Vater?   ◆ .... Vater kommt aus ....
4. ● Wie heißt Hakuyos Lieblingswort?   ◆ .... Lieblingswort heißt ....
5. ● Was ist Annas Lieblingsessen?   ◆ .... Lieblingsessen ist ....

AUSSPRACHE

15a i – ie – ü – u: Hör zu und sprich nach.

35 🔊

i	→	Zimmer	Fisch	bis	Film	Mittag	Tischtennis
ie	→	viel	Biologie	spielen	lieber	wie	telefonieren
ü	→	tschüss	Glück	Türkei	Frühstück	Gemüse	verrückt
u	→	Suppe	gesund	Schluss	Kuchen	dumm	duschen

b Hör zu und sprich nach.

36 🔊

vier – für   sie – süß
lieben – üben   ich – Bücher
vierzehn – fünfzehn   Mittag – Mütter
wirklich – wünschen   vierzig – fünfzig

c Ergänze i, ie oder ü, u. Hör dann zu und vergleiche.

37 🔊

1. F____sch und Eisw____rfel zum Fr____hst____ck? W____rkl____ch verr____ckt!

2. Eine S____ppe mit v____l Gem____se? Ges____nd!

16 Satzakzent: Hör zu und sprich nach.
Achte auf den Satzakzent.

38 🔊

Ich stehe <u>auf</u>.
Ich stehe am Morgen <u>auf</u>.
Ich stehe am Morgen nicht gern <u>auf</u>.
Ich stehe am Morgen nicht gern um sechs Uhr <u>auf</u>.

Das sind deine Wörter!

Das Essen

das Brot, -e

die Kartoffel, -n

das Gemüse, -

das Brötchen, -

der Fisch, -e

der Salat, -e

die Marmelade, -n

das Fleisch (nur Sg.)

das Obst (nur Sg.)

der Reis (nur Sg.)

die Suppe, -n

der Kuchen, -

Die Mahlzeiten

das Frühstück (nur Sg.)

das Mittagessen, -

das Abendessen, -

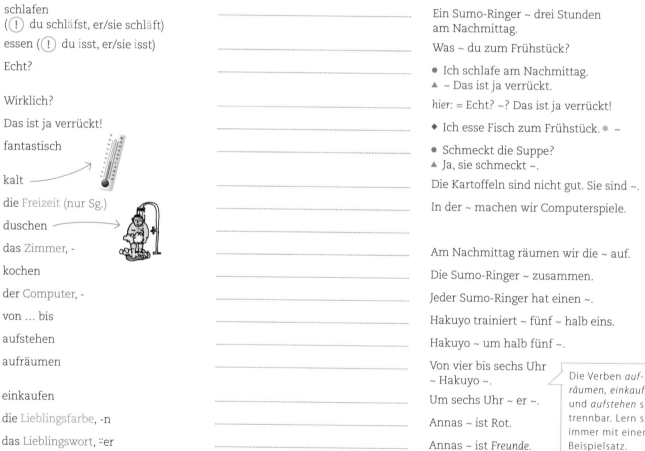

wann	~ schläft ein Sumo-Ringer?
schlafen (❗ du schläfst, er/sie schläft)	Ein Sumo-Ringer ~ drei Stunden am Nachmittag.
essen (❗ du isst, er/sie isst)	Was ~ du zum Frühstück?
Echt?	● Ich schlafe am Nachmittag. ▲ ~ Das ist ja verrückt.
Wirklich?	*hier:* = Echt? ~? Das ist ja verrückt!
Das ist ja verrückt!	◆ Ich esse Fisch zum Frühstück. ● ~
fantastisch	● Schmeckt die Suppe? ▲ Ja, sie schmeckt ~.
kalt	Die Kartoffeln sind nicht gut. Sie sind ~.
die Freizeit (nur Sg.)	In der ~ machen wir Computerspiele.
duschen	
das Zimmer, -	Am Nachmittag räumen wir die ~ auf.
kochen	Die Sumo-Ringer ~ zusammen.
der Computer, -	Jeder Sumo-Ringer hat einen ~.
von … bis	Hakuyo trainiert ~ fünf ~ halb eins.
aufstehen	Hakuyo ~ um halb fünf ~.
aufräumen	Von vier bis sechs Uhr ~ Hakuyo ~.
einkaufen	Um sechs Uhr ~ er ~.
die Lieblingsfarbe, -n	Annas ~ ist Rot.
das Lieblingswort, ⸚er	Annas ~ ist *Freunde*.
das Lieblingsessen, -	Hakuyos ~ ist Fisch.
sein / sein / seine / seine 🧍	~ Name, ~ Lieblingswort, ~ Lieblingsfarbe, ~ Hobbys
ihr / ihr / ihre / ihre	~ Name, ~ Lieblingswort, ~ Lieblingsfarbe, ~ Hobbys
die Pizza, -s	Annas Lieblingsessen ist ~.

Die Verben *aufräumen, einkaufen* und *aufstehen* sind trennbar. Lern sie immer mit einem Beispielsatz.

Lesen

1a Schau das Foto an und lies Philips Text. Wer ist wer? Ergänze die Namen.

b Lies den Text noch einmal und ergänze die Tabelle.

Ich bin Philip und das ist meine Familie. Wir wohnen in Kiel. Meine Schwester Annabelle ist fünfzehn Jahre alt. Sie zeichnet gern und spielt ein bisschen Saxophon. Lars, mein Bruder, ist acht Jahre alt. Er schwimmt gern. Meine Mutter (39) ist Ärztin. Sie heißt Martina und hat eine Praxis hier in der Bremer Straße. Mein Vater (38) ist Ingenieur von Beruf. Er kommt aus Spanien und heißt Carlos. Meine Eltern haben ein tolles Hobby: Am Wochenende kochen sie oft und gern … und gut! Das ist natürlich super für uns: Es gibt immer gutes Essen! ☺ Wir essen alle sehr gern selbst gemachte Pizza. Meine Eltern sind meistens nett, aber manchmal nerven sie auch! Ich glaube, das ist normal, oder?

> Du kannst die Informationen zu den Personen im Text mit verschiedenen Farben markieren.

Vorname				
Alter				
Wohnort				
Beruf				
Hobbys				
Lieblingsessen				

Sprechen

2a Was macht Philips Schwester Annabelle am Sonntag?
Lies die Informationen und mach dann mit deiner
Partnerin / deinem Partner ein Interview.

- ◆ Annabelle, was machst du am Sonntag Vormittag?
- ● Ich stehe um … auf. Dann frühstücke …
- ◆ Was machst du am …?

b Und wie ist dein Sonntag?
Mach Notizen wie in 2a und mach ein Interview
mit deiner Partnerin / deinem Partner.

- 9:00 Uhr aufstehen
- frühstücken
- Gitarre üben
- 13:00 Mittagessen
- das Zimmer aufräumen
- von 14 bis 15 Uhr mit Maja Gitarre üben
- mit Marie telefonieren
- mit Philip Tischtennis spielen
- 20:00 Uhr einen Film schauen

Hören

3a Hör den Anfang des Interviews. Was ist das Thema? Kreuze das passende Foto an.

39 ⧁))

 A
 B
 C

b Ist das richtig (r) oder falsch (f)? Hör das Interview weiter und kreuze an.

40 ⧁))

1. Florian isst sein Frühstück zu Hause.   (r) (f)
2. Er steht am Morgen spät auf.   (r) (f)
3. Das Mittagessen isst er in der Schule.   (r) (f)
4. Das Essen in der Schule schmeckt gut.   (r) (f)

> Vor dem Hören: Lies die Sätze
> und markiere in jedem Satz
> ein bis zwei wichtige Wörter.

c Was isst Florian gern, was nicht so gern? Hör noch einmal und kreuze an.

40 ⧁))

	☺	☹			☺	☹
1. Brötchen	○	○		6. Gemüse	○	○
2. Obst	○	○		7. Suppe	○	○
3. Fleisch	○	○		8. Salat	○	○
4. Kartoffeln	○	○		9. Nudeln	○	○
5. Reis	○	○		10. Fisch	○	○

Mach die Übungen. Schau dann auf S. 91 und kontrolliere.

Kreuze an. ☺ *Das kann ich gut! /* ☹ *Das geht so. /* ☹ *Das muss ich noch üben.*

1 **Du zeigst deinen Freunden ein Foto von deiner Familie. Was sagst du?**
(Wer? Was ist er/sie von Beruf? Was macht er/sie gern? ...)

Das ist mein/e ....

....

....

Ich kann über meine Familie und über Berufe sprechen. ☺ ☹ ☹

2 **Du kaufst ein. Ergänze den Dialog.**

1. ● ....,Frau Wimmer! ◆ Hallo ....!

2. ● Haben ....? ◆ Ja, natürlich. Hier. Möchtest ....

....?

3. ● Ja, ich möchte noch ....

....

Wie viel .... das? ◆ Das macht ....

4. ● .... bitte. ◆ Vielen ....!

5. ● Auf ...., Frau Wimmer! ◆ Tschüss!

Apfelsaft
1 Tüte Milch

Ich kann jemanden mit „Sie" ansprechen, sagen, was ich möchte,
nach dem Preis fragen, mich bedanken und mich höflich verabschieden. ☺ ☹ ☹

3 **Was magst du gern? Was magst du nicht?**

Ich ....

....

....

....

Ich kann sagen, was ich gern / nicht gern mag. ☺ ☹ ☹

4 **Was machst du wann am Samstag?**

1. *Um* .... *stehe* .... *und* ....

2. *Von* .... *bis* ....

3. *Am Nachmittag* ....

4. *Am* ....

Ich kann einen Tag beschreiben und Zeitangaben machen. ☺ ☹ ☹

5 **Was antwortest du?**

1. ◆ Ich esse immer Fisch zum Frühstück. ▲ ....

2. ◆ Ich trinke gern Cola mit Milch. ▲ ....

Ich kann Überraschung ausdrücken. ☺ ☹ ☹

Kursbuch, Lektion 2, Aufgabe 8

A Was machen die Personen gern / nicht gern? Sprich mit deiner Partnerin / deinem Partner und ergänze die Tabelle.

A Was macht Oliver gern?

B Er spielt gern Gitarre.

A Was macht er nicht gern?

B Er ... nicht gern ...

A Was machst du gern?

B Ich ...

A Was machst du nicht gern?

B Ich ...

Moritz	♡ Hockey spielen ♥ singen	Theo	♡ Karate machen ♥ schwimmen
Oliver		Nathalie	
Julia	♡ tauchen ♥ Tennis spielen	ich	
Katharina		deine Partnerin/ dein Partner	

Kursbuch, Lektion 4, Aufgabe 6

A Was lieben Laura und ihre Freunde, was hassen sie?
Sprich mit deiner Partnerin / deinem Partner wie im Beispiel und ergänze die Tabelle.

A Was liebt Anna und was hasst sie?

B Anna liebt ... Mathematik hasst sie.

A Was liebst du und was hasst du?

B Ich liebe ... ... hasse ich.

	♡	♥
Laura	Klettern	
Anna		
Nico		
Lilly		
ich		
deine Partnerin/ dein Partner		

Kursbuch, Lektion 5, Aufgabe 4

A Was ist auf dem Bild? Sprich mit deiner Partnerin / deinem Partner.
Wer sich die meisten Gegenstände auf seinem Bild gemerkt hat, hat gewonnen.

eine Gitarre, ein ...

Schau das Bild zehn Sekunden an.

Mach dann das Buch zu und schreib auf, was du gesehen hast.

Berichte dann deiner Partnerin / deinem Partner. Sie/Er kontrolliert.

Kursbuch, Lektion 5, Aufgabe 12

A Wähle neun Wörter aus und schreib sie in das Spielfeld. Frag dann deine Partnerin / deinen Partner und streiche die Wörter. Wer zuerst alle Wörter ausgestrichen hat, hat verloren.

Fußball ✕ Fahrrad ✕ Foto ✕ Gitarre ✕ Lampe ✕ Flugzeug ✕ Surfbrett ✕ Sporttasche
Rucksack ✕ Heft ✕ Block ✕ ~~Kuli~~ ✕ T-Shirt ✕ Schiff ✕ Füller

Hast du den Kuli?

~~Kuli~~	Gitarre	Schiff
T-Shirt	Fußball	Foto

Ja.

Kursbuch, Lektion 2, Aufgabe 8

B **Was machen die Personen gern / nicht gern? Sprich mit deiner Partnerin / deinem Partner und ergänze die Tabelle.**

B	Was macht Moritz gern?
A	Er spielt gern Hockey.
B	Was macht Moritz nicht gern?
A	Er … nicht gern …

B	Was machst du gern?
A	Ich …
B	Was machst du nicht gern?
A	Ich …

Kursbuch, Lektion 4, Aufgabe 6

B **Was lieben Laura und ihre Freunde, was hassen sie?**
Sprich mit deiner Partnerin / deinem Partner wie im Beispiel und ergänze die Tabelle.

B	Was liebt Laura und was hasst sie?
A	Laura liebt Klettern. … hasst sie.
B	Was liebst du und was hasst du?
A	Ich liebe … … hasse ich.

Kursbuch, Lektion 5, Aufgabe 4

B

Was ist auf dem Bild? Sprich mit deiner Partnerin / deinem Partner.
Wer sich die meisten Gegenstände auf seinem Bild gemerkt hat, hat gewonnen.

ein Mädchen, ein ...

Schau das Bild zehn Sekunden an.

Mach dann das Buch zu und schreib auf, was du gesehen hast.

Berichte dann deiner Partnerin / deinem Partner. Sie / Er kontrolliert.

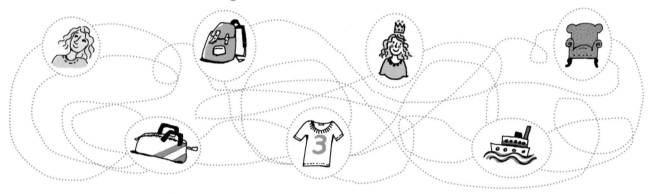

Kursbuch, Lektion 5, Aufgabe 12

B

Wähle neun Wörter aus und schreib sie in das Spielfeld. Frag dann deine Partnerin / deinen Partner und streiche die Wörter. Wer zuerst alle Wörter ausgestrichen hat, hat verloren.

| Fußball ✗ Fahrrad ✗ Foto ✗ Gitarre ✗ Lampe ✗ Flugzeug ✗ Surfbrett ✗ Sporttasche |
| Rucksack ✗ Heft ✗ Block ✗ ~~Kuli~~ ✗ T-Shirt ✗ Schiff ✗ Füller |

Hast du den Kuli?

| ~~Kuli~~ | Gitarre | Schiff |
| T-Shirt | Fußball | Foto |

Ja.

Kursbuch, Lektion 6, Aufgabe 9

A **Was machen sie wann? Sprich mit deiner Partnerin / deinem Partner und ergänze die Tabelle.**

A Was macht Mira am Morgen?

B Sie lernt Englisch.

A Wann?

B Um halb neun.

Samstag	Max	Mira	Bastian	Lena
Morgen	klettern	*Englisch lernen*	schwimmen	....
Vormittag	Musik hören	....	....	ein T-Shirt kaufen
Nachmittag	....	Handball spielen	Theater spielen	....
Abend	....	Monopoly® spielen	....	einen Film schauen

Kursbuch, Lektion 7, Aufgabe 7

A **Sprich mit deiner Partnerin / deinem Partner über Julias Familie und ergänze die Tabelle.**

A Wie heißt Julias Vater?

B Er heißt Georg.

A Was ist Julias … von Beruf?

B Er/Sie …

A Wo wohnt Julias …?

B Er/Sie …

Julias Familie

	Name	Beruf	Wohnort
Mutter	Martina		Berlin
Vater	*Georg*	Trainer	Berlin
Tante		Tänzerin	
Onkel	Michael		Wien
Großmutter	Rita		
Großvater		Lehrer	

Kursbuch, Lektion 9, Aufgabe 10

A Wähle ein Bild aus und beschreibe die Personen. Deine Partnerin / dein Partner rät.

B

A Sein Fahrrad ist rot. Ihre Tasche ist grün.   B Das ist Bild Nummer 2!

Was machen sie wann? Sprich mit deiner Partnerin / deinem Partner und ergänze die Tabelle.

B Was macht Max am Morgen?

A Er klettert.

B Wann?

A Um acht.

Samstag	Max	Mira	Bastian	Lena
Morgen	*klettern*	Englisch lernen	_____	Saxofon spielen
Vormittag	_____	Gitarre üben	ein Computerspiel kaufen	_____
Nachmittag	Mathe lernen	_____	_____	Fußball spielen
Abend	Tennis spielen	_____	Computer spielen	_____

Sprich mit deiner Partnerin / deinem Partner über Julias Familie und ergänze die Tabelle.

B Wie heißt Julias Mutter?

A Sie heißt Martina.

B Was ist Julias … von Beruf?

A Sie/Er …

B Wo wohnt Julias …?

A Sie/Er …

Julias Familie

	Name	Beruf	Wohnort
Mutter	*Martina*	Sekretärin	
Vater	Georg		
Tante	Silvia		Köln
Onkel		Arzt	
Großmutter		Köchin	Dresden
Großvater	Albert		Dresden

Die Zahlen

0 null		
1 eins	11 elf	21 einundzwanzig
2 zwei	12 zwölf	22 zweiundzwanzig
3 drei	13 dreizehn	23 dreiundzwanzig
4 vier	14 vierzehn	24 vierundzwanzig
5 fünf	15 fünfzehn	25 fünfundzwanzig
6 sechs	16 sechzehn	26 sechsundzwanzig
7 sieben	17 siebzehn	27 siebenundzwanzig
8 acht	18 achtzehn	28 achtundzwanzig
9 neun	19 neunzehn	29 neunundzwanzig
10 zehn	20 zwanzig	30 dreißig

10 zehn	60 sechzig
20 zwanzig	70 siebzig
30 dreißig	80 achtzig
40 vierzig	90 neunzig
50 fünfzig	100 (ein)hundert

14
vierzehn

27
siebenundzwanzig

Die Uhrzeit

- Wie spät ist es?
- (Es ist) drei (Uhr).

- Wann kommst du?
- Um drei (Uhr).

- Wie spät ist es?
- (Es ist) halb sechs.

- Wann kommst du?
- Um halb sechs.

Das kannst du jetzt! - Modul 1, S. 33

Mögliche Lösungen:

1 1. ▲ Hallo!   2. ◆ Wie geht es dir? ▲ Danke, gut.   3. ◆ Wie heißt du? ▲ Florian.
4. ◆ Woher kommst du? ▲ Ich komme aus Deutschland.   5. ◆ Wo wohnst du? ▲ Ich wohne in Hamburg.   6. ◆ Was machst du gern? ▲ Ich singe und tanze gern.   7. ▲ Ich auch / Ich nicht.
8. ▲ Tschüss!

2 Das ist Paula. Sie kommt aus Österreich und wohnt in Graz. Sie singt gern und spielt Basketball.

3 1. Wir hören Musik.   2. Wir klettern zusammen.   3. Wir spielen Volleyball.

4 1. Hamburg ist in Deutschland.   2. Graz ist in Österreich.   3. Zürich ist in der Schweiz.

5 1. ● Spielen wir Fußball? ◆ Ja, gern.   2. ● Machen wir Musik? ◆ Ja, gern.
3. ● Machen wir Hausaufgaben? ◆ Nein, keine Lust.

Das kannst du jetzt! - Modul 2, S. 57

Mögliche Lösungen:

1 Am Montag habe ich zwei Stunden Englisch, zwei Stunden Sport, eine Stunde Physik und eine Stunde Biologie. Ich liebe Sport. Englisch und Biologie finde ich toll. Physik finde ich blöd.

2 1. ● Ja, ich spreche gut Englisch.   2. ● Nein, nicht so gut.   3. ● Nein, kein Wort.

3 1. Am Nachmittag muss ich Mathe lernen. Ich möchte ein Computerspiel machen.
2. Am Abend muss ich Gitarre üben. Und ich möchte einen Film schauen.

4a Hi Lena! Was machst du morgen? Wollen wir zusammen einen Film schauen?
Oder wir können Musik hören. Hast du um vier Uhr Zeit?

4b 1. ☺ Ja, alles klar. Dann bis morgen!   2. ☹ Nein, tut mir leid, ich habe keine Zeit.

5 1. ☺ ▲ Doch, ich spreche sehr gut Englisch.   2. ☹ ▲ Nein, ich mache nicht gern Mathe.
3. ☺ ▲ Ja, ich mache gern Sport.

Das kannst du jetzt! - Modul 3, S. 81

Mögliche Lösungen:

1 Das ist meine Familie. Hier ist mein Vater. Er heißt Gerd und ist Ingenieur. Meine Mutter heißt Bettina. Sie ist Lehrerin. Das sind meine Geschwister: Mein Bruder Tilo ist zehn und spielt gern Fußball. Meine Schwester Lara spielt sehr gut Gitarre. Sie ist siebzehn.

2 1. ● Guten Tag, Frau Wimmer! ◆ Hallo Paul!   2. ● Haben Sie Apfelsaft? ◆ Ja, natürlich. Hier. Möchtest du sonst noch etwas?   3. ● Ja, ich möchte noch eine Tüte Milch. Wie viel kostet das?
◆ Das macht zwei Euro sechzig.   4. ● Hier, bitte. ◆ Vielen Dank!   5. ● Auf Wiedersehen, Frau Wimmer! ◆ Tschüss!

3 Ich mag gern Gemüse und Fisch. Fleisch mag ich nicht.
Ich mag gern Apfelsaft und Cola. Milch mag ich nicht.

4 1. Um neun stehe ich auf und dusche.   2. Von zehn bis elf lerne ich Bio und Englisch.
3. Am Nachmittag telefoniere ich mit Leila.   4. Am Abend schaue ich DVDs.

5 1. ▲ Echt? Das ist ja verrückt!   2. ▲ Wirklich?

Quellenverzeichnis

Cover: © Martin Kreuzer, Bachern

Seite 7: A, D © Thinkstock/Photodisc; B © Thinkstock/iStockphoto;
C © iStockphoto/Rebell

Seite 8: Übung 8 - von links: 1, 3 © Thinkstock / iStockphoto;
2 © Thinkstock/Zoonar; 3 © Thinkstock/Digital Vision/Barry Austin;
Übung 10: © Thinkstock/iStockphoto; Übung 11: alle © Thinkstock/
Hemera

Seite 9: Winter, Frühling© Thinkstock/Photodisc; Sommer © Thinkstock/
iStockphoto; Herbst © iStockphoto/Rebell

Seite 15: Augen © Thinkstock/Polka Dot Images; Haar dunkel ©
Thinkstock/iStockphoto; Haar blond © Thinkstock/Stockbyte/George
Doyle

Seite 16: Globus © fotolia/ag visuell; Saxofon© fotolia/Dmitri MIkitenko

Seite 17: Übung 2: A © fotolia/Dmitri MIkitenko; B © Thinkstock/
Jupiterimages; C © Thinkstock/iStockphoto; D © Thinkstock/John
Howard; Übung 3a © fotolia/Andrea Berger

Seite 18: © iStockphoto/kate_sept2004

Seite 20: © iStockphoto/Aldo Murillo

Seite 22: Sport © fotolia/Alen Ajan; Musik © Thinkstock/Ingram
Publishing

Seite 23: von oben: © Thinkstock/Brand X Pictures; © Thinkstock/
iStockphoto; © PantherMedia/Meseritsch Herby; © Thinkstock/
Comstock

Seite 24: Übung 1a: 2 © Thinkstock/Comstock/Jupiterimages

Seite 25: 1 © Thinkstock/Pixland; 2 © Thinkstock/iStockphoto

Seite 26: Karte © Digital Wisdom ; Übung 8: 1 © iStockphoto/
franckreporter; 2 © iStockphoto/vanbeets; 3 © Thinkstock/iStockphoto;
4 © Thinkstock/Medioimages/Photodisc; 5 © Thinkstock/iStockphoto;
Übung 9a © Thinkstock/iStockphoto

Seite 27: Übung 12 © fotolia/Adrien Roussel

Seite 28: © Thinkstock/F1online

Seite 29: Karte © Digital Wisdom

Seite 30: Tischtennis © iStockphoto/Lobsterclaws; Schlagzeug ©
iStockphoto/pixhook

Seite 31: © iStockphoto/ Heatherc333

Seite 32: Mädchen © Thinkstock/iStockphoto; Junge © PantherMedia/
Yuri Arcurs

Seite 33: Mädchen © iStockphoto/MarkPapas; Länderplaketten ©
Fotolia/Euthymia

Seite 34: Mädchen © Thinkstock/Jupiterimages; Junge © Thinkstock/
iStockphoto

Seite 40: Fahnen außer Spanien: © fotolia/createur; Fahne Spanien:
© Thinkstock/Hemera; Theatermaske © Thinkstock/iStockphoto

Seite 43: A © Thinkstock/Hemera; B, C, F, H © Thinkstock/iStockphoto;
D © fotolia/Daniel Burch; E © MHV/Florian Bachmeier; G © Thinkstock/
Zoonar; I © fotolia/kemie; J © Thinkstock/Stockbyte/George Doyle;
K © PantherMedia/alexkalina; L © fotolia/M. Jenkins

Seite 47: 1. Spalte von oben: Kuli © MHV/Florian Bachmeier;
© Thinkstock/iStockphoto; © fotolia/M. Jenkins; © fotolia/kemie;
© Thinkstock/iStockphoto; 2. Spalte von oben: © Thinkstock/Zoonar;
© fotolia/Daniel Burch; © PantherMedia/alexkalina; © Thinkstock/
Hemera; © Thinkstock/Stockbyte/George Doyle

Seite 51: 1, 2, 4 © Thinkstock/BananaStock; 3 © Thinkstock/iStockphoto

Seite 55: A © Thinkstock/Hemera; B © iStockphoto/track5;
C © Thinkstock/Comstock; D © iStockphoto/Oktay Ortakcioglu

Seite 58: Übung 1 © fotolia/Monkey Business; Übung 3a: 1 © fotolia/
Monkey Business; 3 © iStockphoto/Stephen Morris; 5 © Thinkstock/
iStockphoto; 6 © iStockphoto/deeAuvil; 7 © Thinkstock/iStockphoto

Seite 60: A © Thinkstock/Pixland; B © Thinkstock/iStockphoto;
C © fotolia/Stefan Merkle; D © Thinkstock/Comstock

Seite 61: Übung 11: 1 © Thinkstock/Photodisc; 2 © fotolia/Elnur; 3 MHV-
Archiv; 4 © Thinkstock/iStockphoto; 5 © fotolia/Alx; 6 © iStockphoto/
phant; Übung 12a: © Thinkstock/iStockphoto; Fahnen © fotolia/createur

Seite 62: Übung 13: 3 © fotolia/sumnersgraphicsinc; 1, 2, 4, 5, 6, 8 ©
Thinkstock/iStockphoto, 7 © Thinkstock/Brand X Pictures; 16 a: A
© Thinkstock/iStockphoto; B © iStockphoto/phant; C © Thinkstock/
Hemera; D © Thinkstock/liquidlibrary/Jupiterimages; E © iStockphoto/
bluestocking; F © Thinkstock/Stockbyte

Seite 63: 1 © iStockphoto/Sohl; 2 © iStockphoto/jaroon; 3 © Thinkstock/
Comstock; 4 © Thinkstock/iStockphoto; Hände © Thinkstock/
iStockphoto

Seite 64: Opa © Thinkstock/Digital Vision/Amos Morgan; Oma, Onkel,
Tante, Cousine, Bruder © Thinkstock/iStockphoto; Vater © fotolia/Albert
Schleich; Mutter © Thinkstock/Jupiterimages; Cousin © Thinkstock/
Comstock; Schwester © Thinkstock/Monkey Business; Fahnen außer
Spanien: © fotolia/createur; Fahne Spanien: © Thinkstock/Hemera

Seite 65: 1, 2, 5, 7 © Thinkstock/iStockphoto; 3 © fotolia/objectsforall;
4 © iStockphoto/JPecha; 6 © fotolia/Stocksnapper

Seite 66: 1, 2, 3, 9 © Thinkstock/iStockphoto; 4 © iStockphoto/
deepblue4you ; 5, 6 © Thinkstock/Stockbyte; 7 © fotolia/Aleksejs
Pivnenko; 8 © fotolia/seen

Seite 67: A © Thinkstock/Photodisc; B © Thinkstock/iStockphoto;
C © Thinkstock/Hemera; D © fotolia/wildworx

Seite 68: 1 MHV/Iciar Caso; 2, 4 © Thinkstock/iStockphoto;
3 © Panthermedia.net

Seite 71: Mango, Banane, Orange, Eiswürfel, Zucker, Glas, Tüte,
Schokolade, Eis © Thinkstock/iStockphoto; Zitrone © Thinkstock/
Stockbyte; Apfel © fotolia/Aleksejs Pivnenko; Milch © fotolia/seen;
Flasche © iStockphoto/deepblue4you; Comic © MHV-Archiv; Chips
MHV/Iciar Caso; Zeitung © fotolia/Stauke

Seite 72: A © fotolia/Leonid Nyshko; B © fotolia/Diedie55; C ©
iStockphoto/stray_cat; D, I © Thinkstock/iStockphoto; E © Thinkstock/
Hemera; F © Thinkstock/Getty Images; G © fotolia/photoGrapHie;
H © fotolia/photocrew

Seite 74: A © iStockphoto/HHLtDave5; B © fotolia/Anne Katrin Figge;
C© iStockphoto/glesik; D © Thinkstock/iStockphoto

Seite 76: © Thinkstock/iStockphoto

Seite 78: von links nach rechts: 1. Reihe: © Thinkstock/Getty Images;
© Thinkstock/iStockphoto; © Thinkstock/iStockphoto; 2. Reihe: ©
fotolia/photoGrapHie; © Thinkstock/iStockphoto; © fotolia/photocrew;
3. Reihe: © fotolia/Leonid Nyshko; © Thinkstock/iStockphoto; © fotolia/
Diedie55; 4. Reihe: © Thinkstock/Hemera; © Thinkstock/iStockphoto;
© iStockphoto/stray_cat; Thermometer © Thinkstock/iStockphoto

Seite 79: © Thinkstock/iStockphoto

Seite 80: Übung 2 © Thinkstock/iStockphoto; Übung 3a: A © Thinkstock/
BananaStock; B © istock/jophil; C © Thinkstock/Digital Vision/Ryan
McVay

Seite 81: alle © Thinkstock/iStockphoto

Seite 82: 1 Fussball © Thinkstock/Photodisc; Gitarre © iStockphoto/
Rouzes; Flossen, Taucherbrille © Thinkstock/iStockphoto; Volleyball
© Thinkstock/iStockphoto; Surfbrett © Thinkstock/Comstock; Tafel
© Thinkstock/Brand X Pictures; Basketball © iStockphoto; Kletterseil
© Thinkstock/iStockphoto; Tafel mit Händen © Thinkstock/Fuse;
Schwimmen © iStockphoto/wollwerth; Fahne © fotolia/createur

Seite 84: Mikro © fotolia/Ersin Kurtdal; Kletterseil © Thinkstock/
iStockphoto; Hockeyschläger © fotolia/Dirk Houben; Badeanzug ©
Thinkstock/Stockbyte; Fussball © Thinkstock/Photodisc; Karateanzug
© Thinkstock/iStockphoto; Tafel © Thinkstock/Brand X Pictures;
Taucherbrille © Thinkstock/iStockphoto; Tennisschläger © Thinkstock/
iStockphoto; Fahne © fotolia/createur; Erdkugel © Thinkstock/
iStockphoto; Ballerina © iStockphoto/andyross; Kickboxen ©
Thinkstock/Comstock

Seite 86 und 88: © Thinkstock/Getty Images

Alle übrigen Fotos: Alexander Keller, München